MEINE WUNDERVOLLE WELT DER MODE 2

DIESES BUCH GEHÖRT:

SCHUHGRÖSSE:

FÜR
DIANE

TITEL DER ORIGINALAUSGABE "MY EVEN MORE WONDERFUL WORLD OF FASHION"
ERSCHIENEN BEI LAURENCE KING PUBLISHING LTD., LONDON 2011

DEUTSCHE ERSTAUSGABE

EIN UNTERNEHMEN DER LA MARTINIÈRE GROUPE
UMSCHLAGGESTALTUNG: NINA CHAKRABARTI
SATZ: NINA CHAKRABARTI
HERSTELLUNG: VERLAGSSERVICE DR. HELMUT NEUBERGER & KARL SCHAUMANN GmbH
ÜBERSETZUNG: SUSANNE CAESAR
DRUCK: C&C OFFSET PRINTING CO LTD

PRINTED in CHINA

ISBN 978-3-86873-420-1

www.knesebeck-verlag.de

MEINE WUNDERVOLLE WELT DER MODE 2

NEUE IDEEN ZUM MALEN, BASTELN und TRÄUMEN

von Nina CHAKRABARTI

KNESEBECK

Deine * Fantasie ist * deine Wirklichkeit

DIANA VREELAND

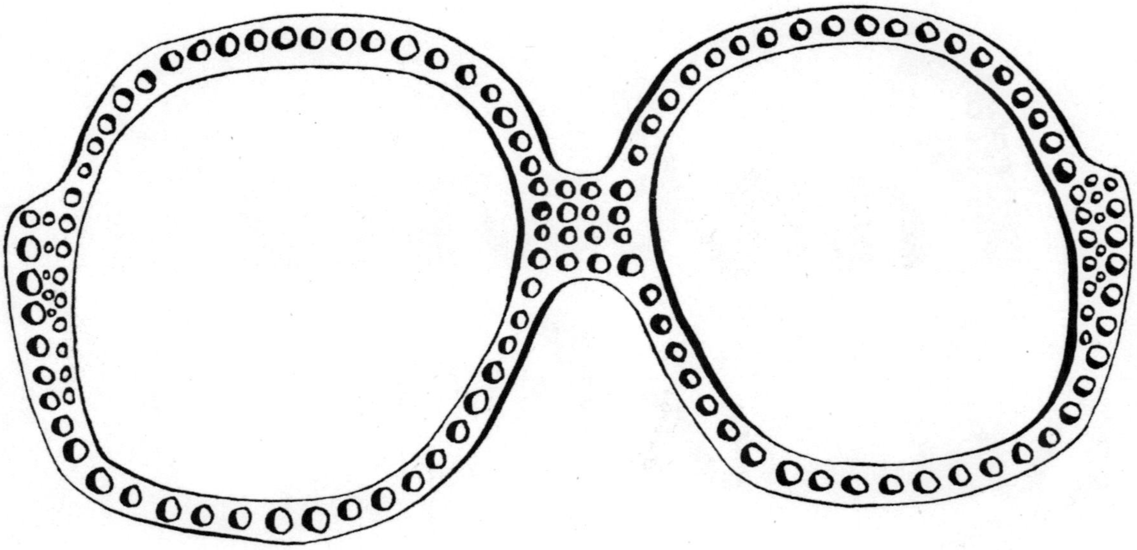

ZEICHNE EIN GESICHT HINTER DIE SONNENBRILLE

VERVOLLSTÄNDIGE das MUSTER
DIESER
HARLEKINSMASKE

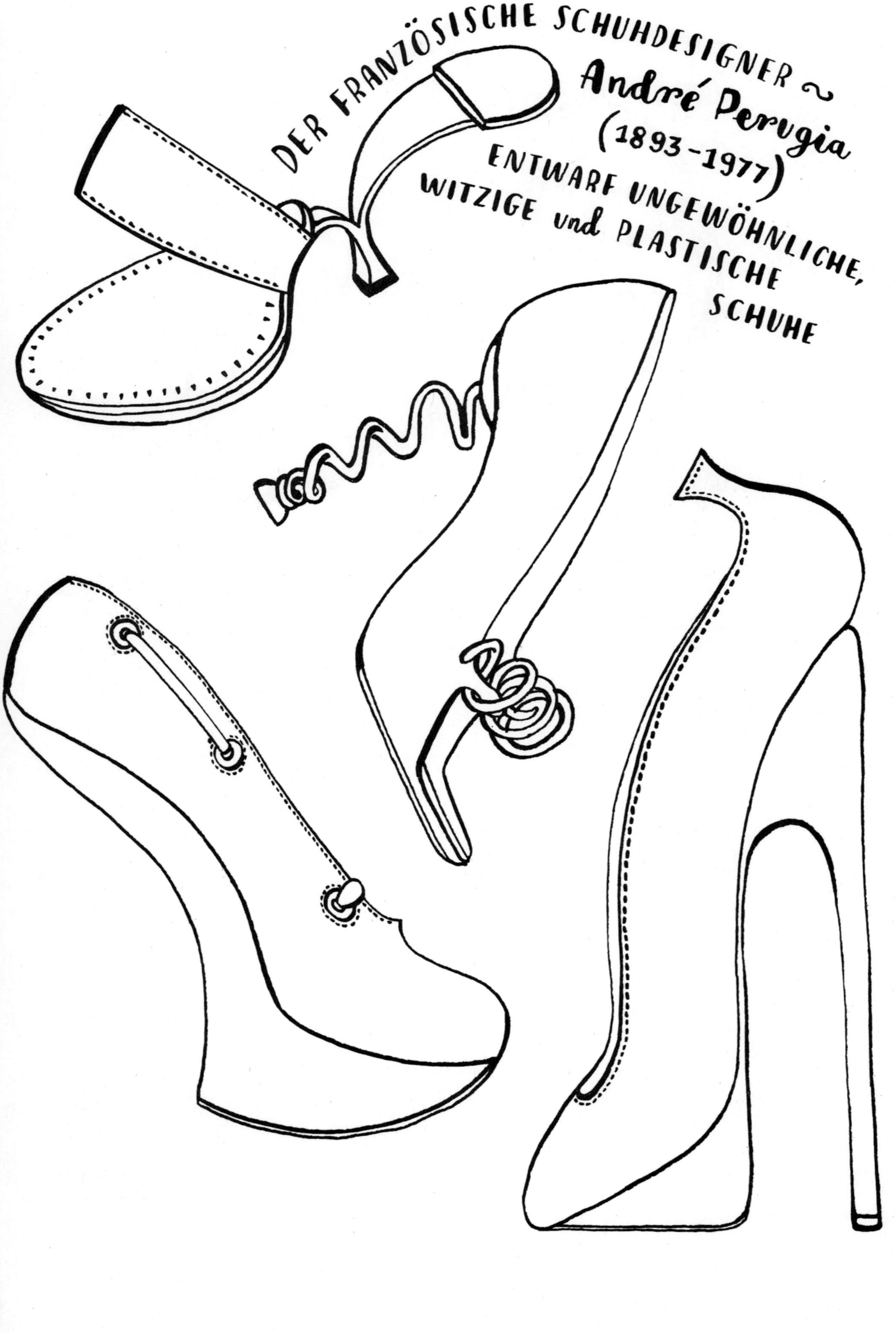
DER FRANZÖSISCHE SCHUHDESIGNER ~
André Perugia
(1893–1977)
ENTWARF UNGEWÖHNLICHE,
WITZIGE und PLASTISCHE
SCHUHE

MALE SIE
MIT DEINEN KNALLIGSTEN
und BESTEN FARBSTIFTEN AUS
Perugia
2. RUE DE LA PAIX-PARIS

FÜLLE diese SEITEN
MIT UNGEWÖHNLICHEN, WITZIGEN
und PLASTISCHEN SCHUHEN,
DIE DU SELBST ENTWORFEN HAST

ZEICHNE eine FANTASTISCHE HALSKETTE FÜR DIESE HÜBSCHE FRAU AUS DEN 1920ER-JAHREN

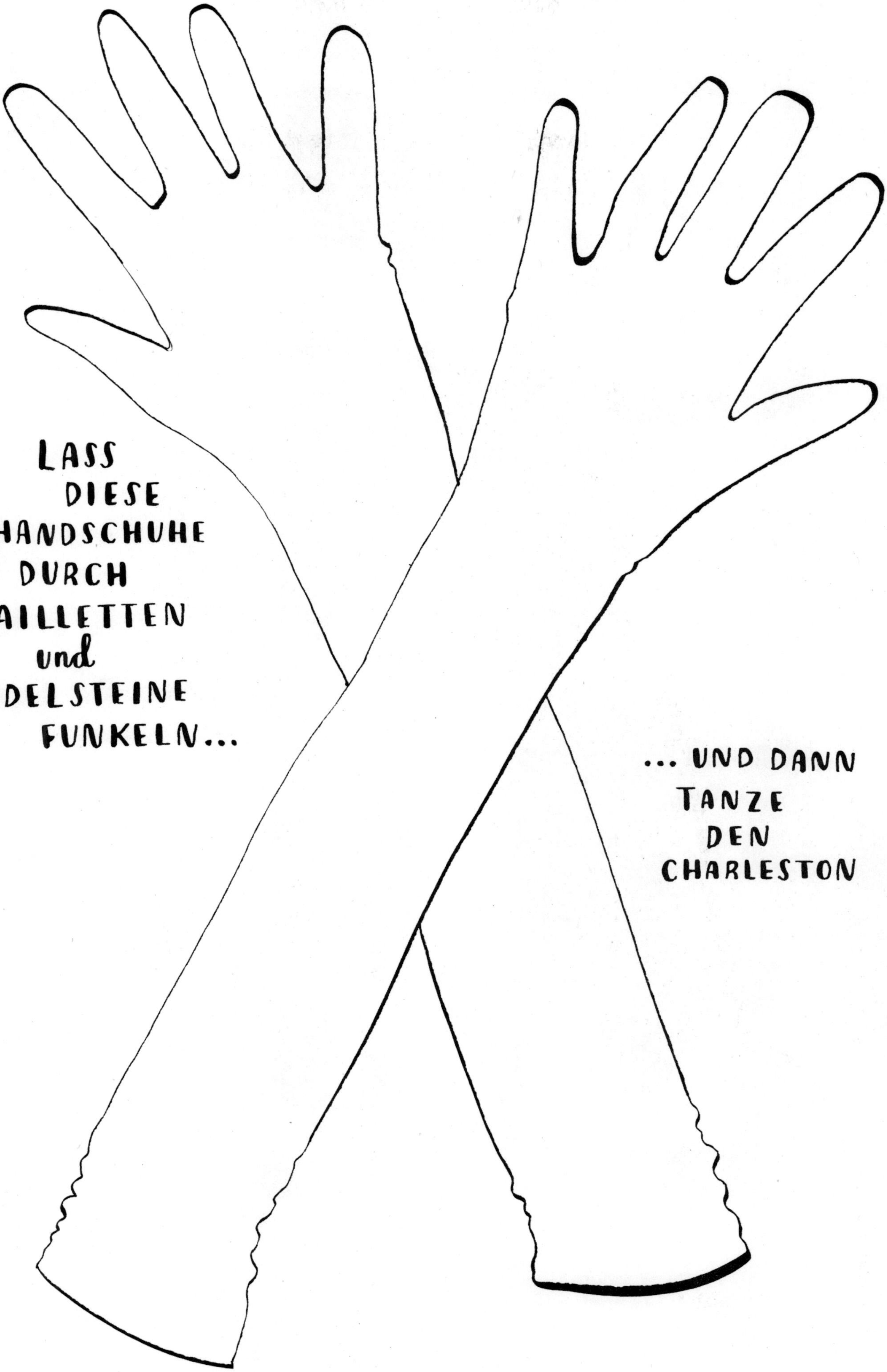
LASS
DIESE
HANDSCHUHE
DURCH
PAILLETTEN
und
EDELSTEINE
FUNKELN...
... UND DANN
TANZE
DEN
CHARLESTON

DER BOWLER

WURDE IN DEN 1880ER-JAHREN IN ENGLAND ENTWORFEN, SEIT DEN 1920ER-JAHREN IST ER BEI FRAUEN IN BOLIVIEN IN MODE

ER WIRD HOCH OBEN AM KOPF GETRAGEN

EINE REICHVERZIERTE MATADOR-JACKE

KANNST DU DIE SKIZZE ERGÄNZEN ?

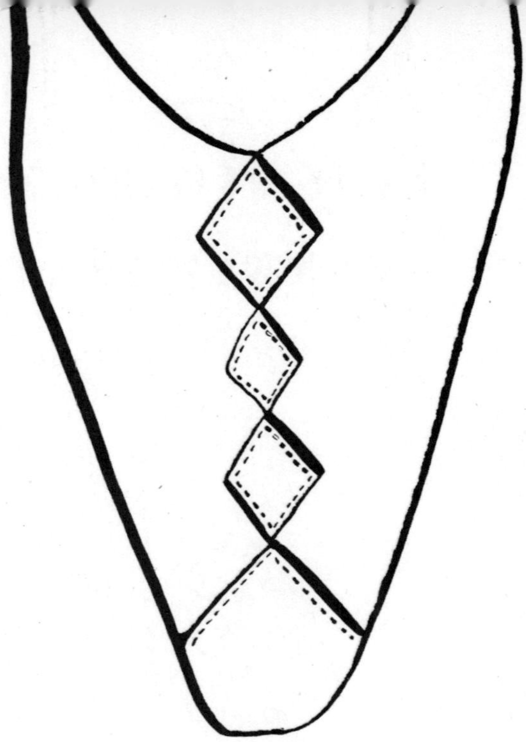
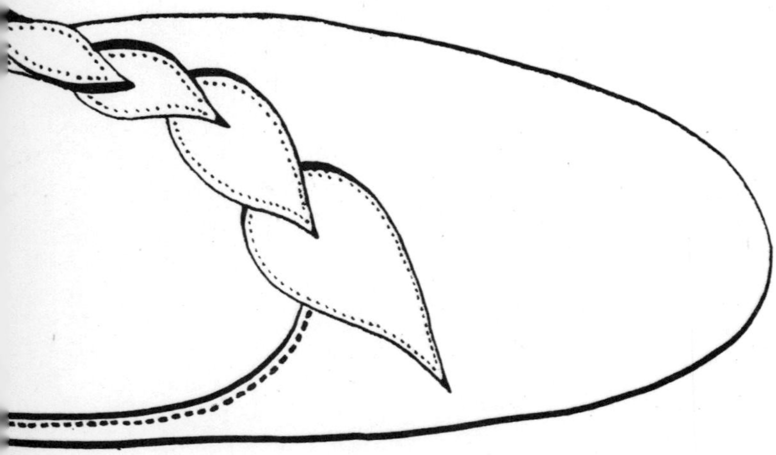
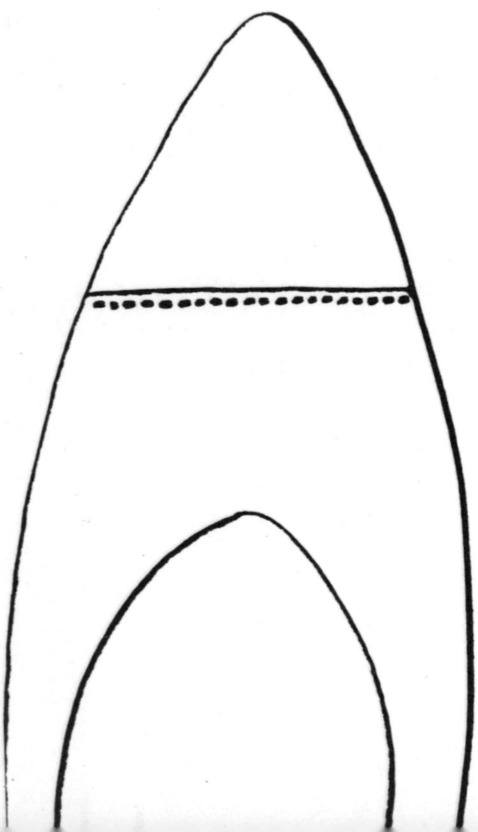
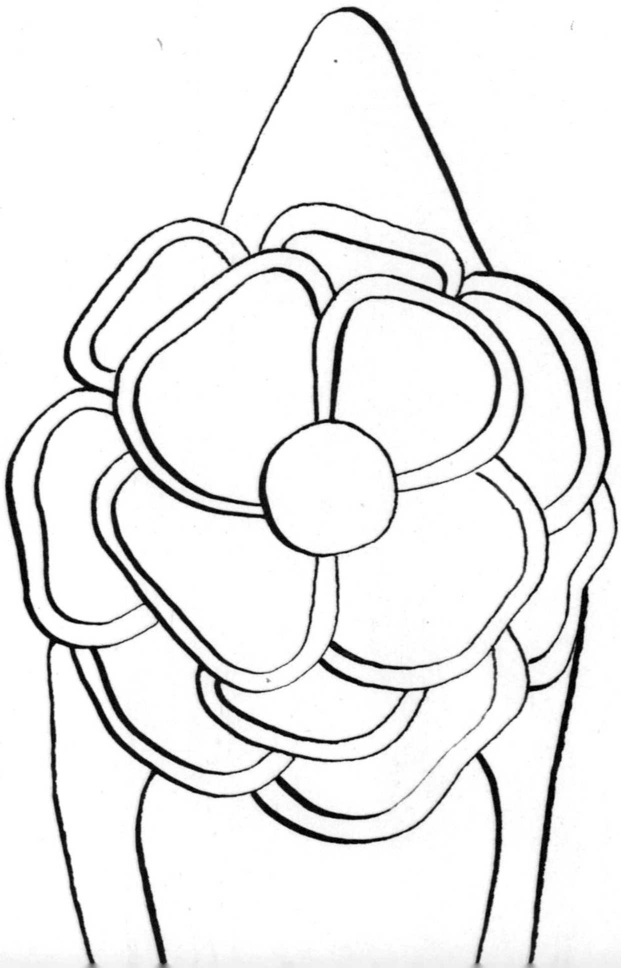

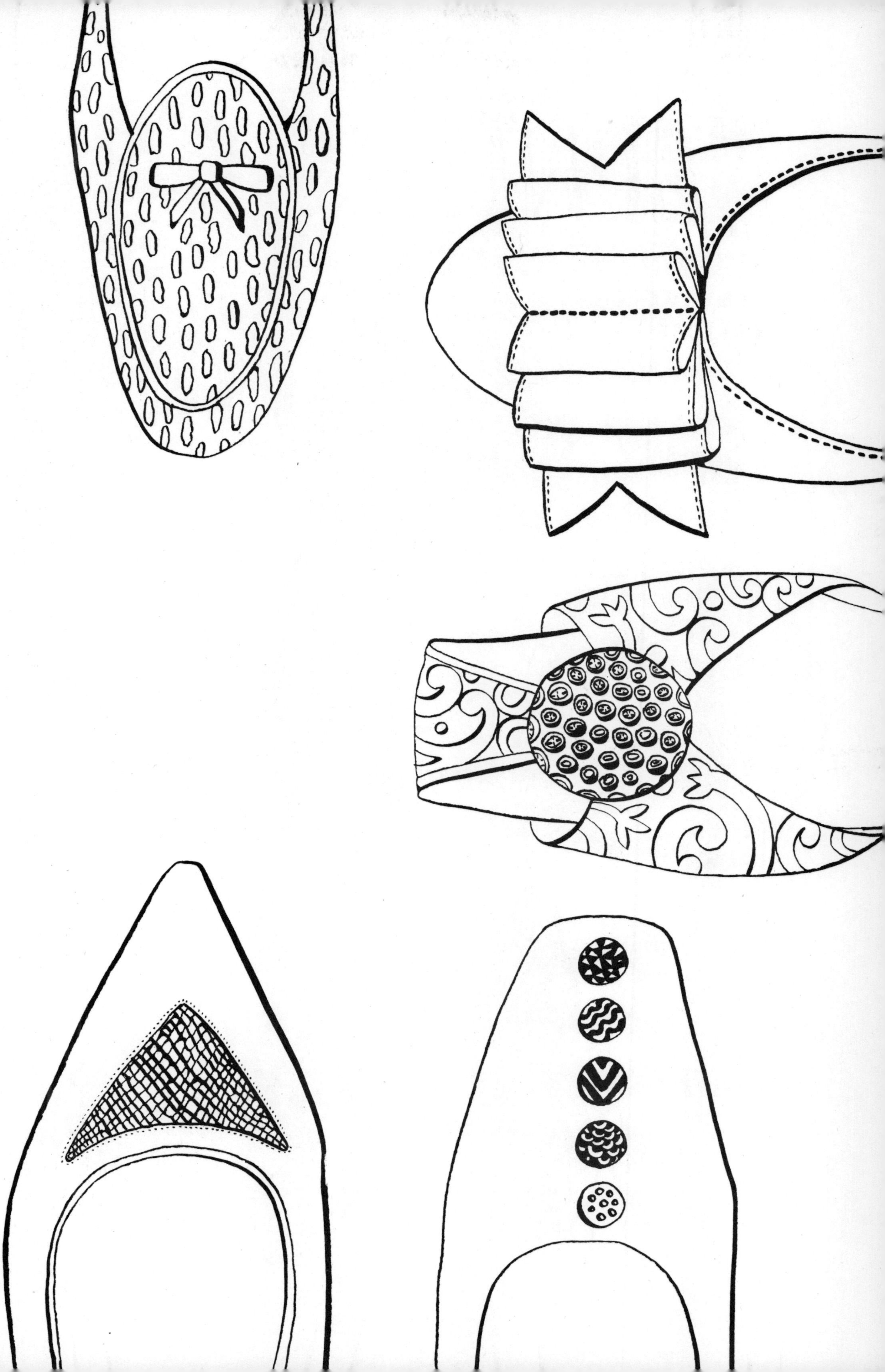

DIE RONETTES
MIT IHREN BIENENKORB-FRISUREN
BZZZZ
Ronnie
Nedra
Estelle
HAAR-STAR
X 3

ZEICHNE FÜR DIESE ELEGANTE DAME
EINE EXTRAVAGANTE BIENENKORB-FRISUR

Darf ich vorstellen …

DIE INNOVATIVEN SCHMUCKSTÜCKE von

LEA STEIN

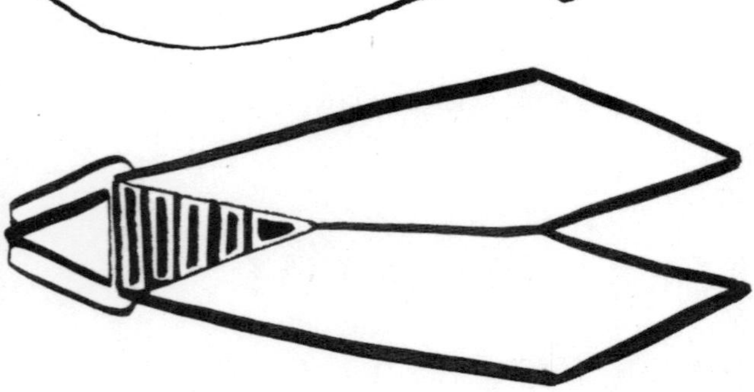

FANTASTIC
PLASTIC

FÜLLE diese SEITEN
MIT DEINEN ENTWÜRFEN
FÜR ANSTECKER

ICH WEISS, SIE WERDEN WUNDERSCHÖN SEIN!

MODE-ARCHIV

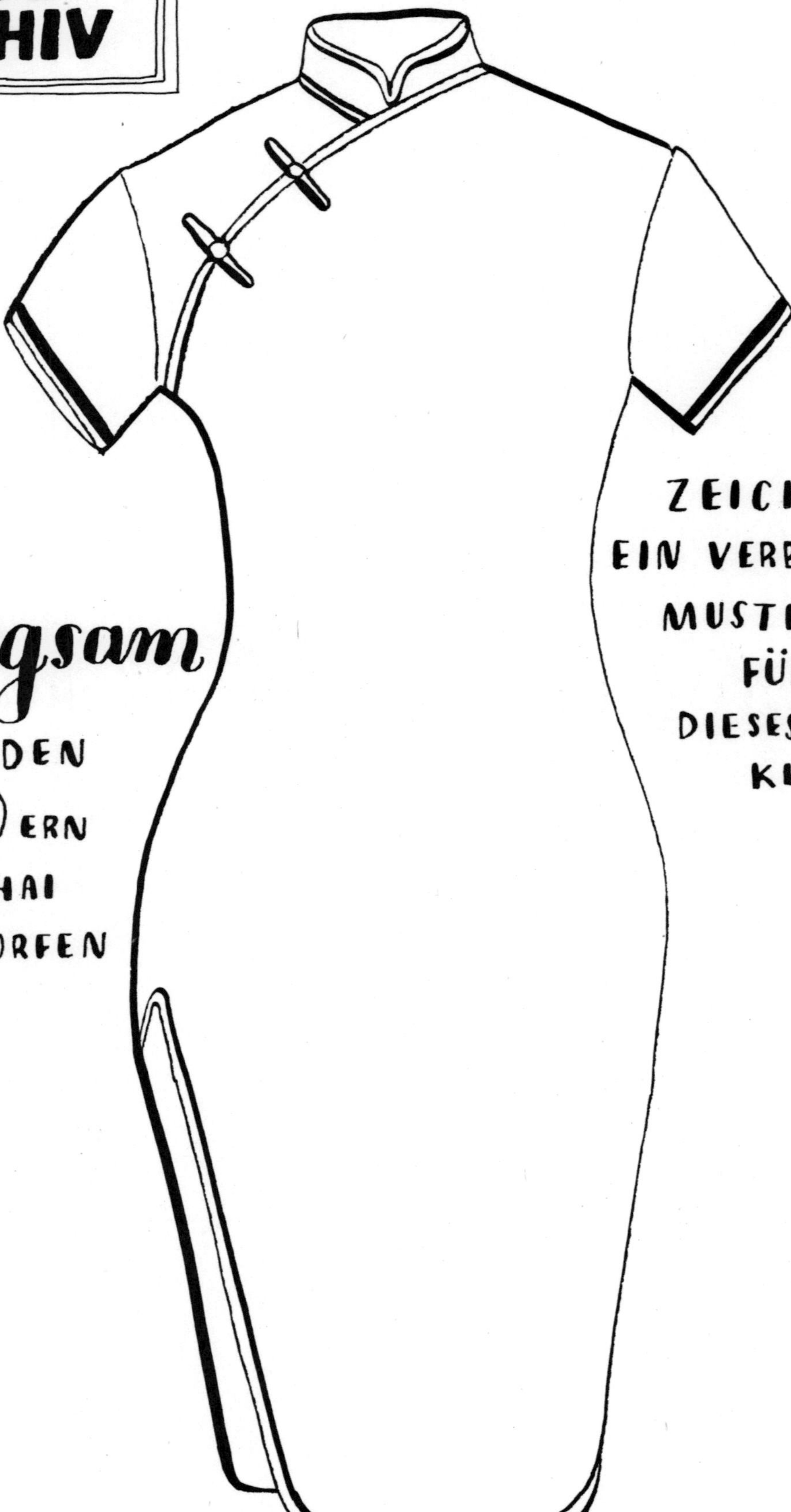

DAS *Cheongsam* WURDE IN DEN 1920ERN IN SHANGHAI ENTWORFEN

ZEICHNE EIN VERBLÜFFENDES MUSTER FÜR DIESES ELEGANTE KLEID

ENTWIRF EIN PAAR HÜBSCHE
SCHUHE, DIE ZU
DIESEM KLEID PASSEN

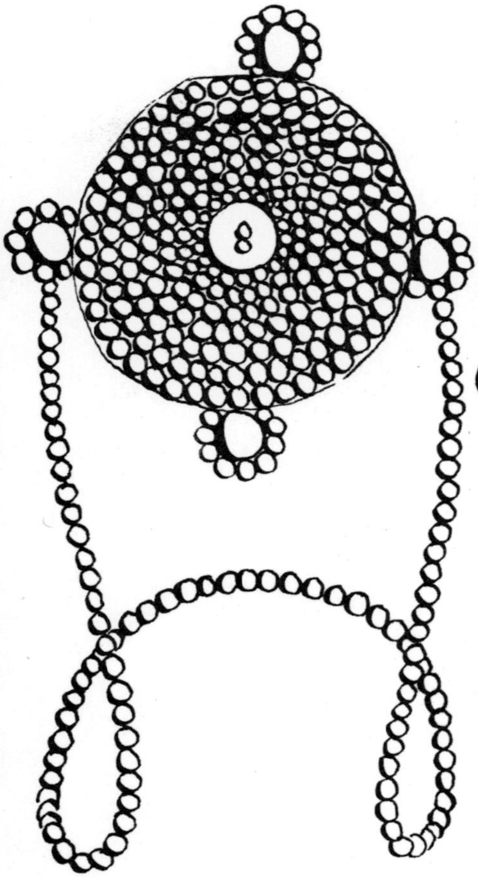

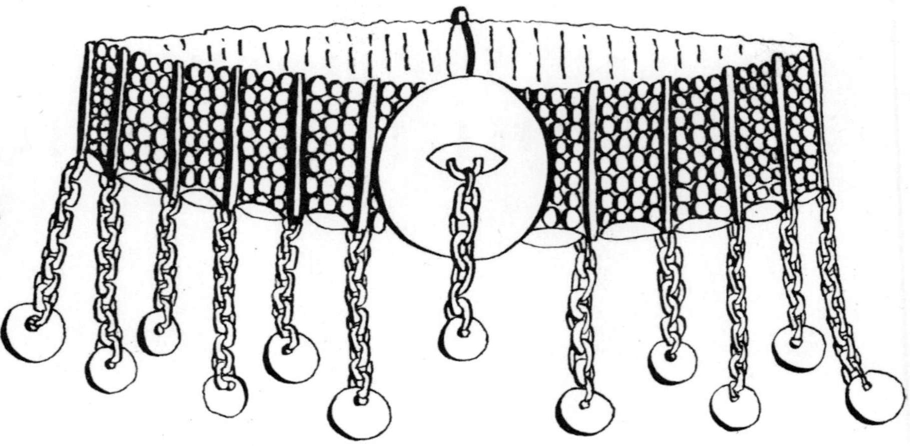

DIE MASSAI, EIN STAMM IN AFRIKA, FERTIGEN AUS HUNDERTEN und TAUSENDEN GLASPERLEN AUSSERGEWÖHNLICHEN SCHMUCK

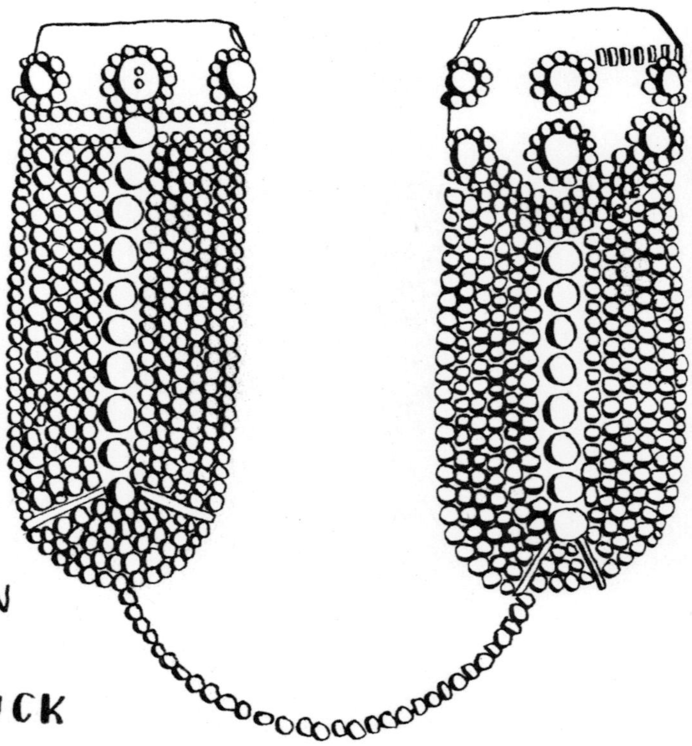

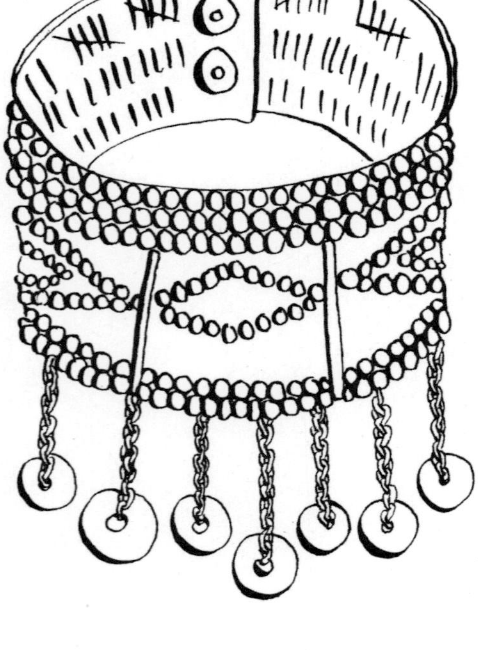

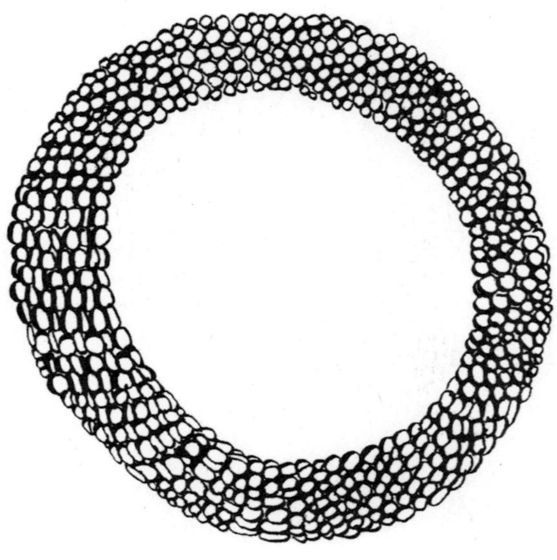

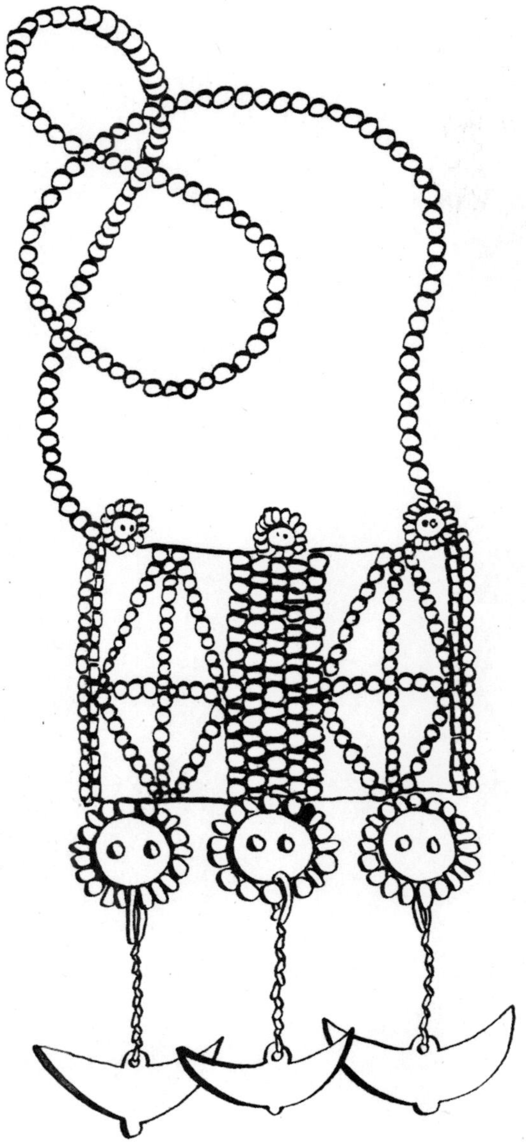
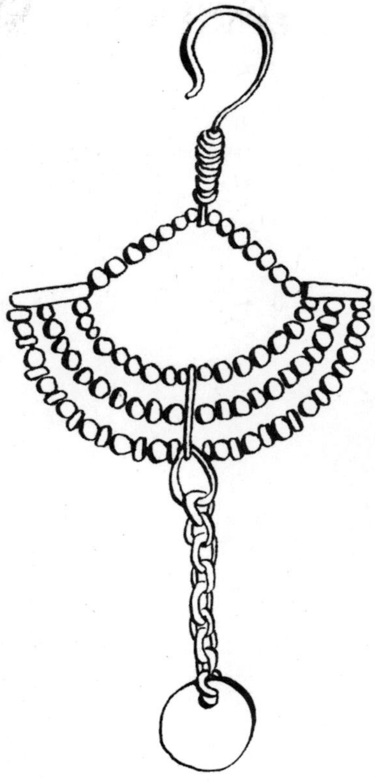

BENUTZE
FARBEN,
UM
AUSGEFALLENE
MUSTER
AUF DEN
SCHMUCKSTÜCKEN
ZU ERZEUGEN

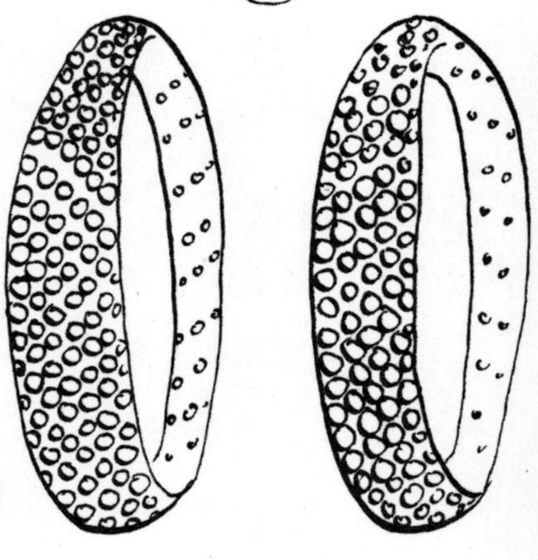
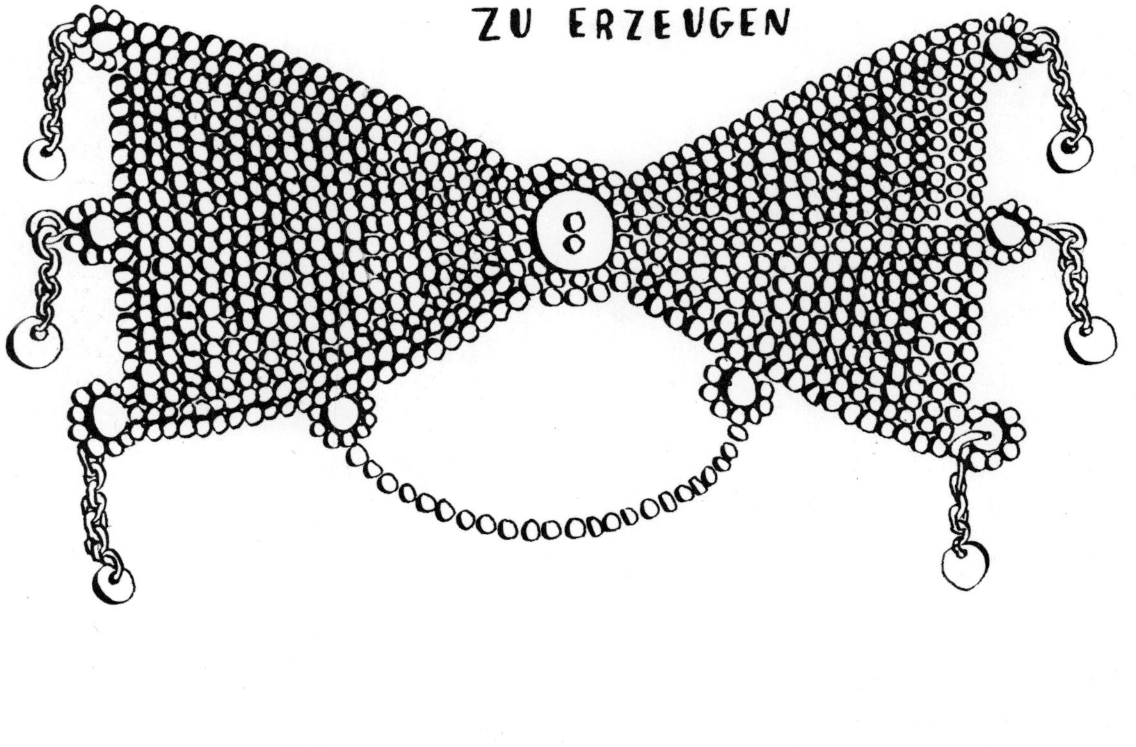

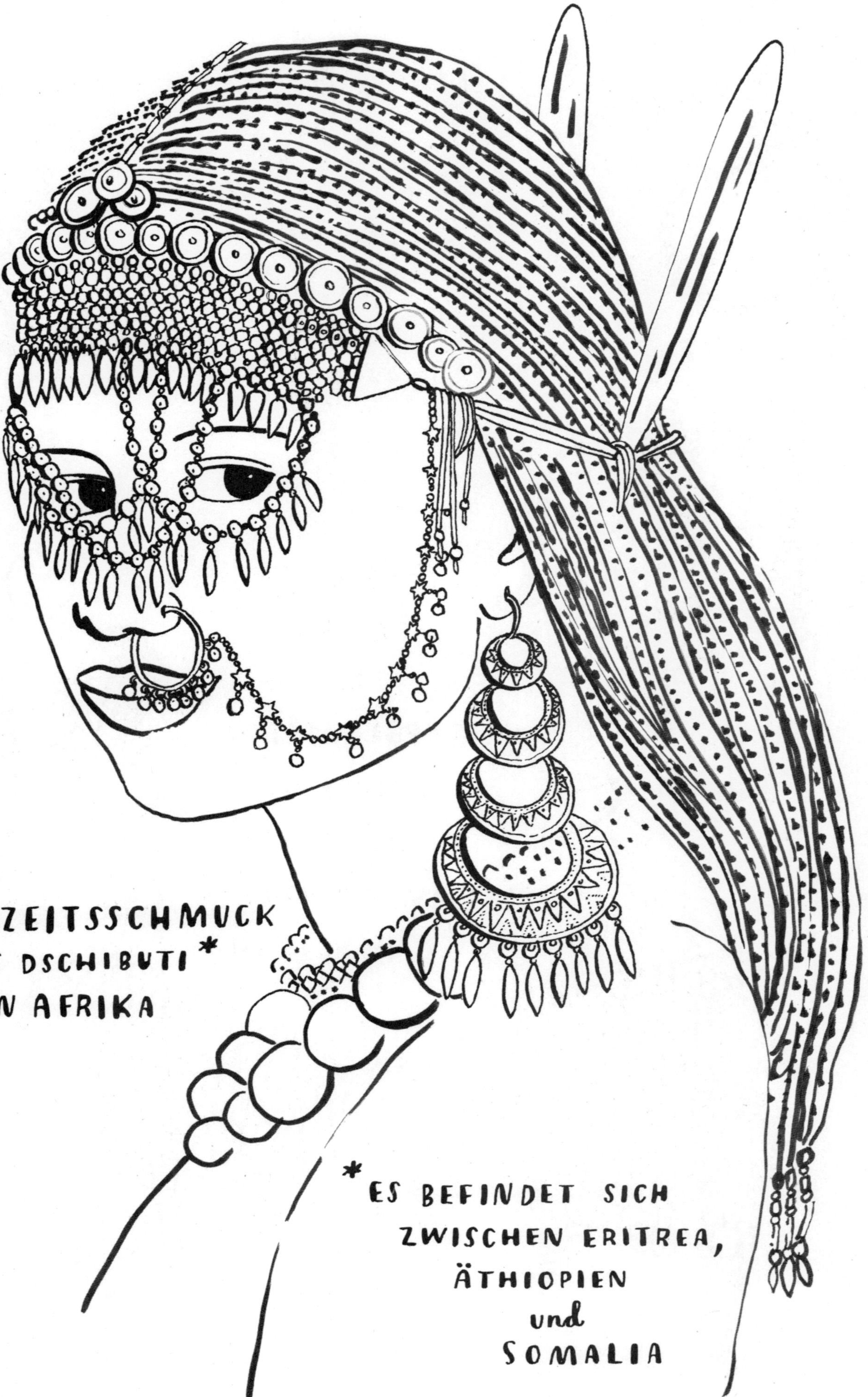

HOCHZEITSSCHMUCK AUS DSCHIBUTI* IN AFRIKA

*ES BEFINDET SICH ZWISCHEN ERITREA, ÄTHIOPIEN und SOMALIA

ZEICHNE
DAS PRUNKSTÜCK DIESER
AFRIKANISCHEN HALSKETTE

MACH SIE FESCH und KESS

ECKIGE HANDTASCHEN
ELEGANTE HANDSCHUHE
CAPRIHOSEN
MODE-RÜCKBLICK
DIE 1950ER
BREITE GÜRTEL
ESPADRILLES
CAT-EYE-SONNENBRILLEN

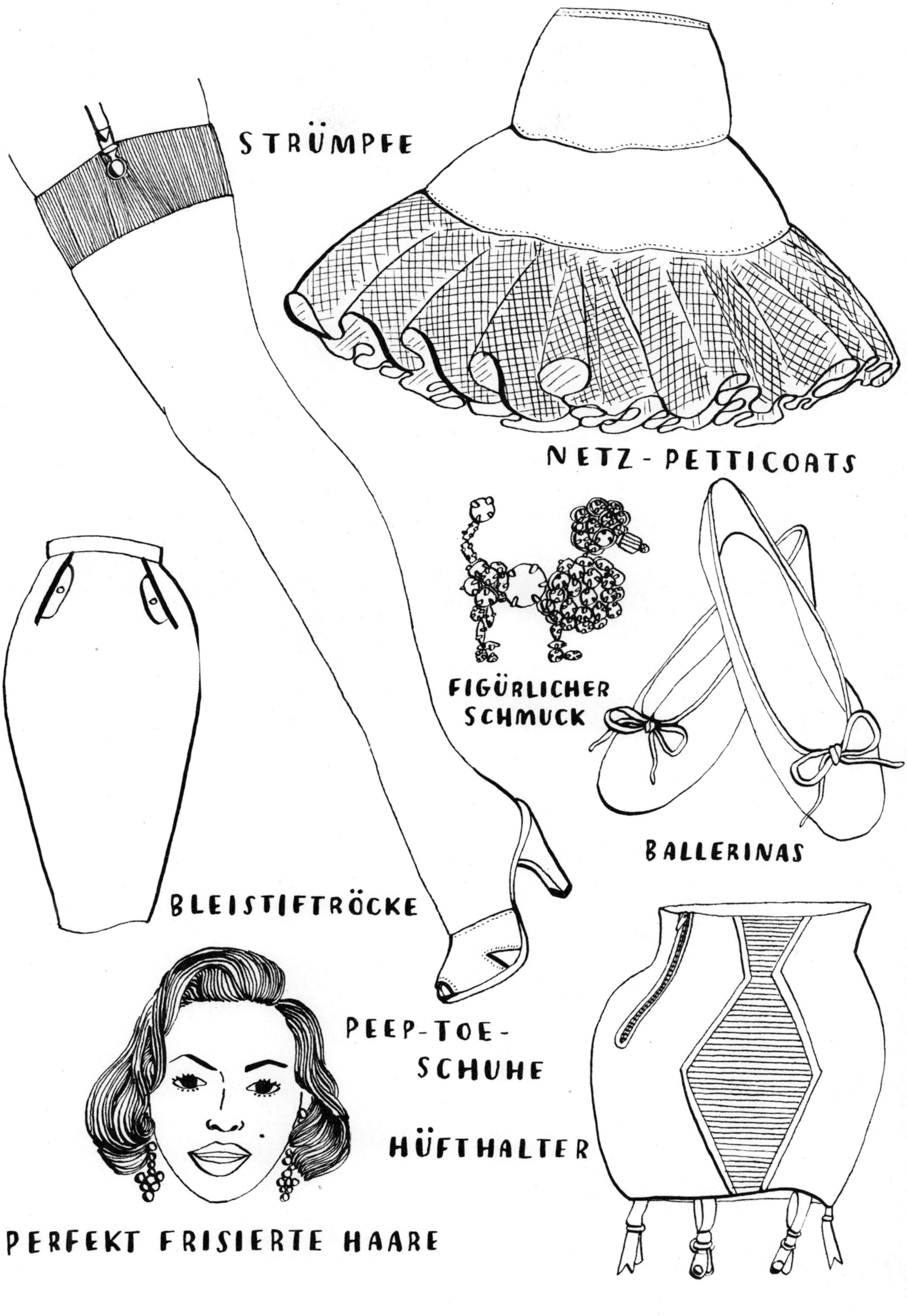
STRÜMPFE
NETZ-PETTICOATS
FIGÜRLICHER SCHMUCK
BALLERINAS
BLEISTIFTRÖCKE
PEEP-TOE-SCHUHE
HÜFTHALTER
PERFEKT FRISIERTE HAARE

VERVOLLSTÄNDIGE DAS MUSTER DIESER SONNENBRILLE

GESTALTE EINEN INTERESSANTEN KONTRAST

ZEICHNE PUNKTE AUF DEN ROCK DIESES COCKTAILKLEIDS AUS DEN 1950ERN

ERFINDE DEINE EIGENEN FANTASTISCHEN MODELABELS

Tisse a Paris
POUR Lilli Ann
PARIS

EMMANUELLE KHANH PARIS

GEOFFREY BEENE

Made by Shaheen's of S HONOLULU

Marceline
MODEL
MADE AND DESIGNED IN DENMARK

JUTIKA
MADE IN THAILAND, 100% COTTON
MACHINE WASH WARM, NO BLEACH

JEDES SOLL EINZIGARTIG
UND
AUSSERGEWÖHNLICH SEIN

Lilli Ann
San Francisco

TED LAPIDUS
MADE IN ITALY

Salvatore Ferragamo
Firenze

St Michael
REGD
MADE IN GT. BRITAIN

LANVIN
Paris
Geneve

Bobbie Brooks
MADE IN USA
wardrobe magic
COLOR CO-ORDINATED

NOCH MEHR PLATZ FÜR MODELABELS

GESTALTE JEDES
UNVERWECHSELBAR
und BEZAUBERND

OSSIE CLARK
PARIS

MADE IN FRANCE

HERMES-PARIS
EXCLUSIF

Anglo Fabrics
®
Boucanta
100 % WOOL

100 %
PURE
CASHMERE
97/38
MADE IN
SCOTLAND
BRAEMAR

Carnegie
MODEL
"IT'S A SYMPHONY"

Adele Simpson

ENTWIRF EIN LABEL
FÜR JEDE
DEINER BOUTIQUEN

PARIS, MAILAND, MOSAMBIK …

DIE WELT LIEGT DIR ZU FÜSSEN!

WER TRÄGT
DIESE OHRRINGE?

WIE WÄRE ES, WENN DU
EINE PASSENDE HALSKETTE ZEICHNEST...

HAAR-STAR
KURZ, SÜSS und NICHT ZU ORDENTLICH
EDIE SEDGWICK

ZEICHNE DICH SELBST AUF DIESE SEITE
UND STYLE DICH MIT DEN ACCESSOIRES
VON DER GEGENÜBERLIEGENDEN SEITE

ZU JUNG FÜR EIN TATTOO?

SUCH DIR EIN PAAR WEISSE HANDSCHUHE UND BEMALE SIE MIT EINEM FILZSTIFT

ÜBE ZUERST AN DIESEM PAAR

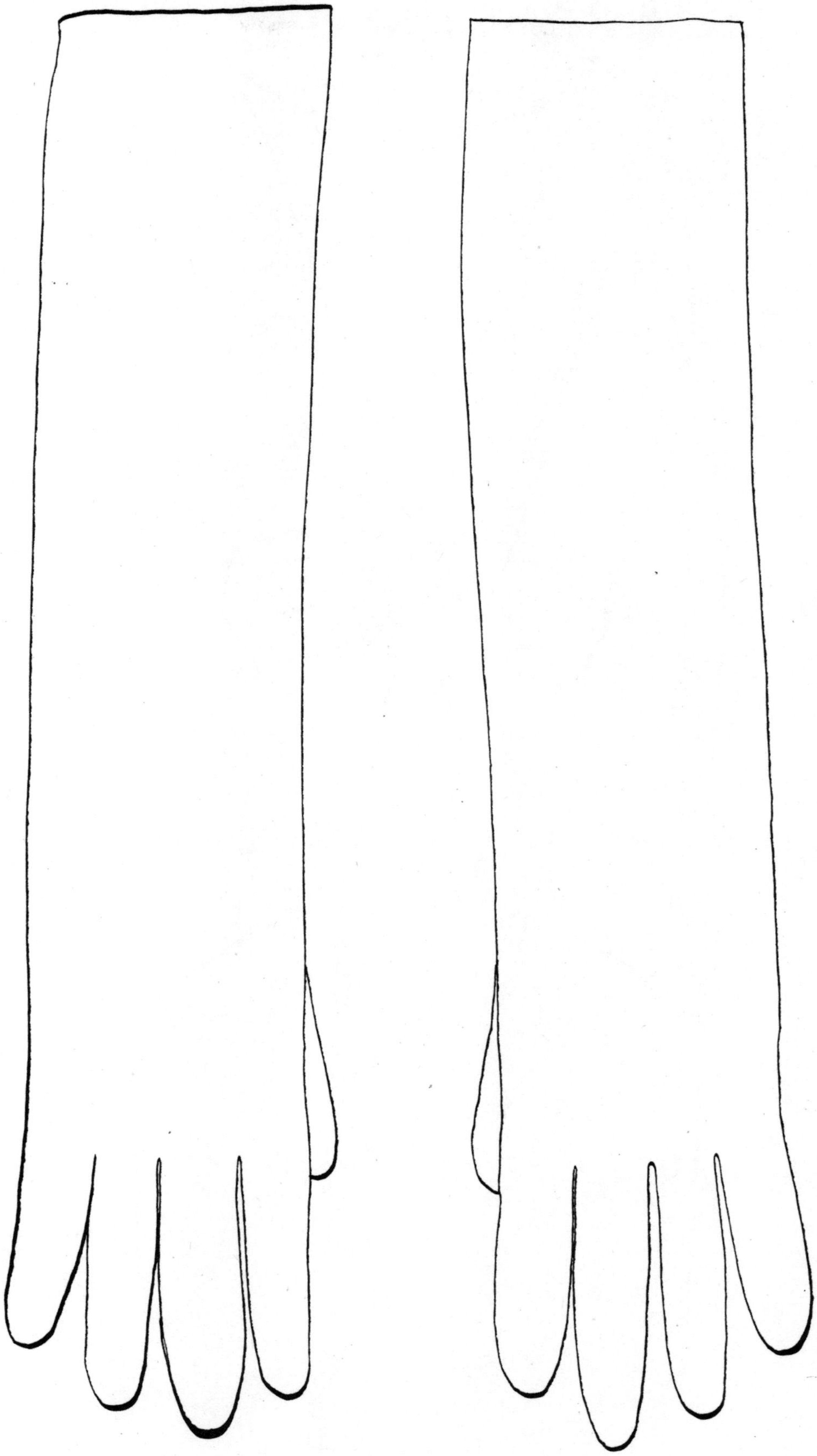

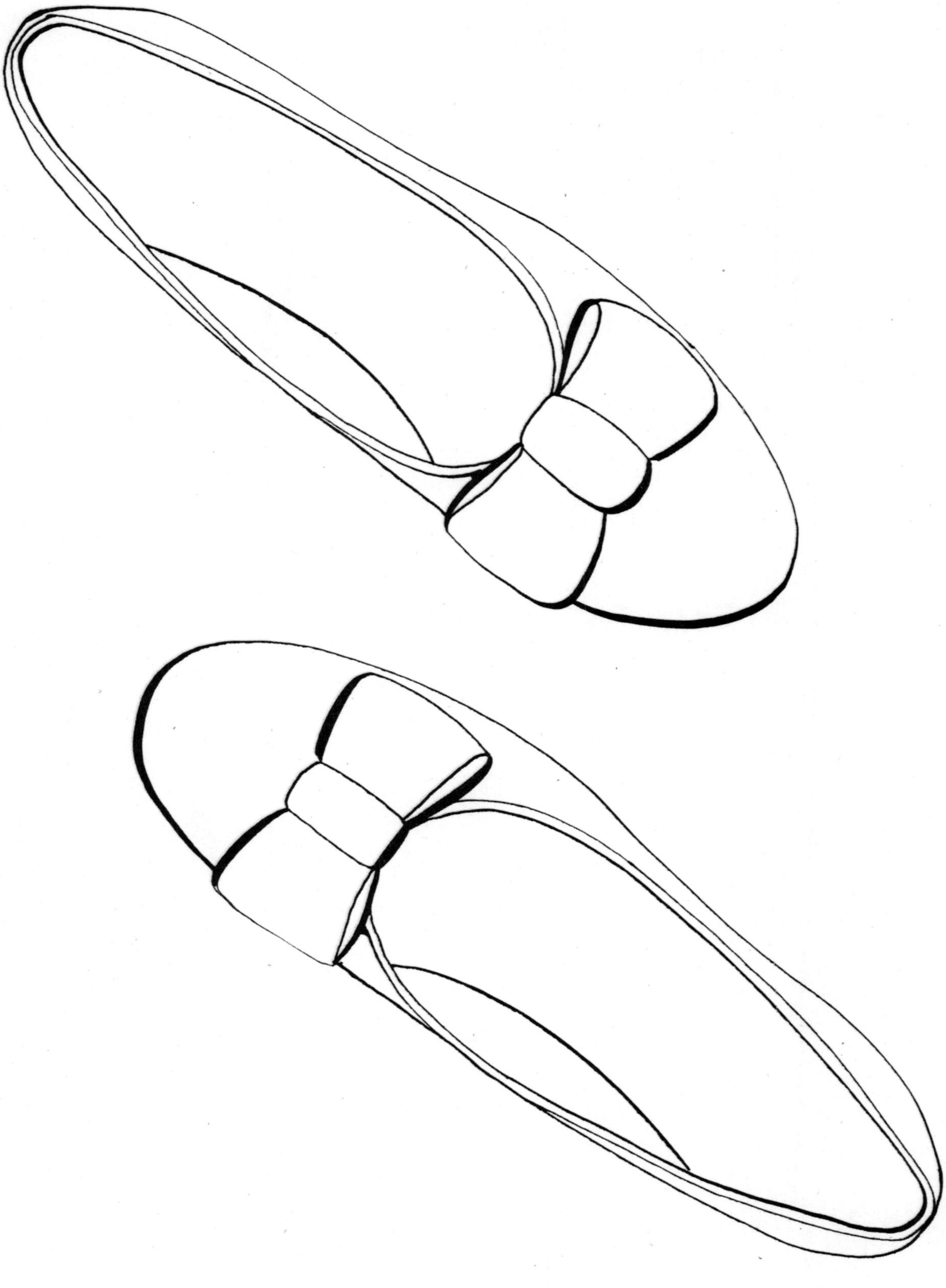

ENTWIRF EINEN GÜRTEL,
DER ZU DIESEN SCHUHEN
PASST

MODE-ARCHIV

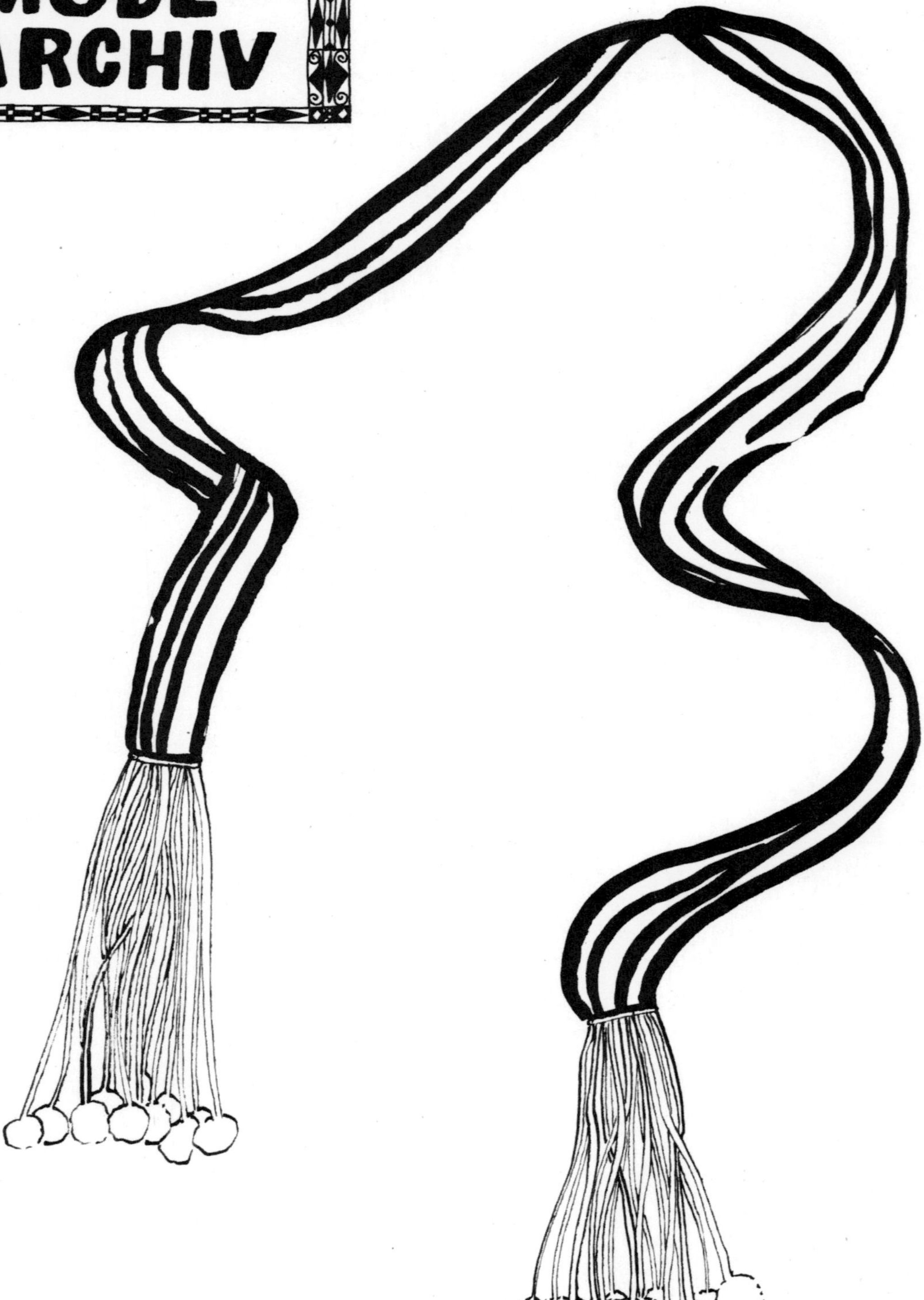

GÜRTEL MIT QUASTEN
AUS
SACATEPÉQUEZ IN GUATEMALA

DAS FREUNDSCHAFTS-ARMBAND HAT SEINEN URSPRUNG BEI DEN BRÄUCHEN DER INDIANER

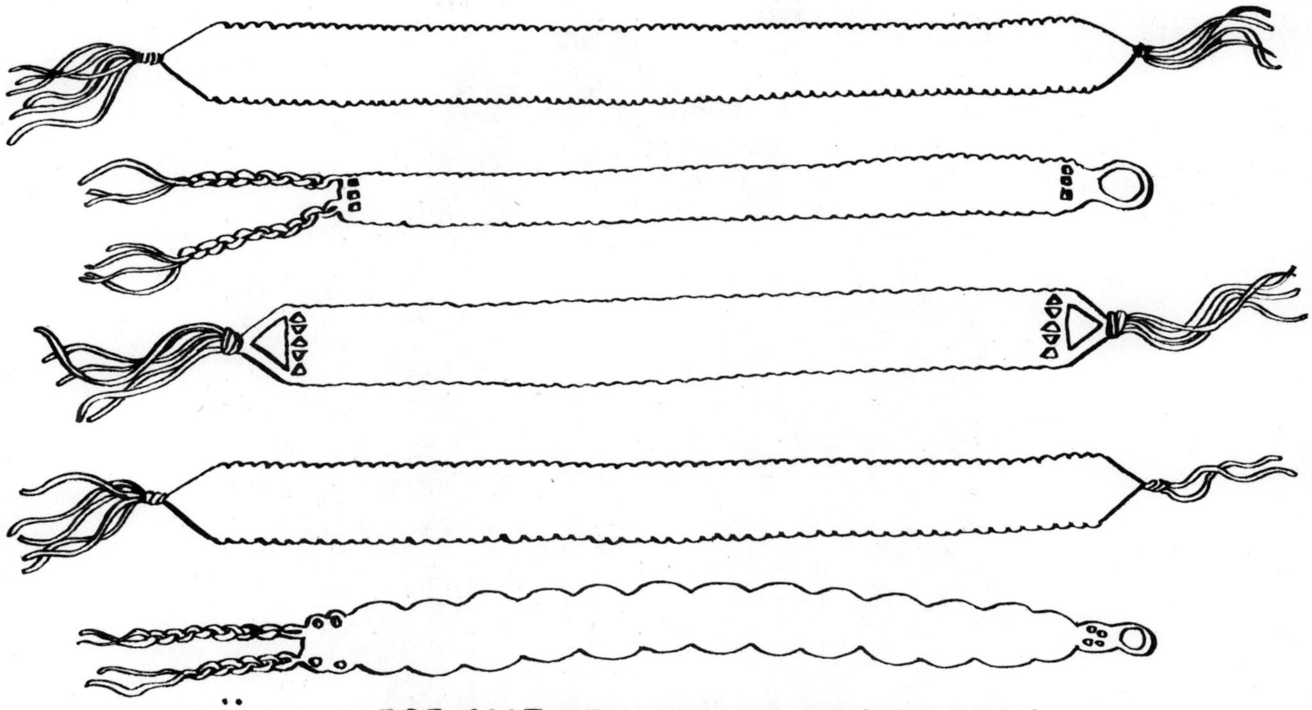

FÜLLE DIESE MIT DEN NAMEN DEINER FREUNDE

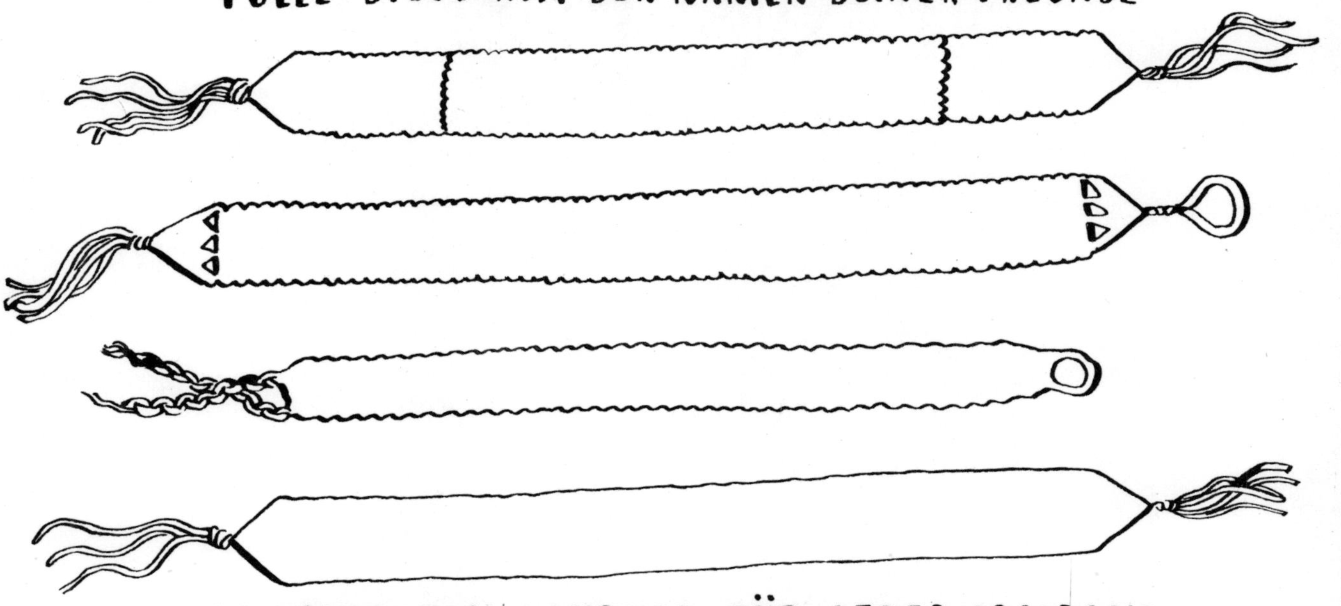

ERFINDE EIN MUSTER FÜR JEDES ARMBAND

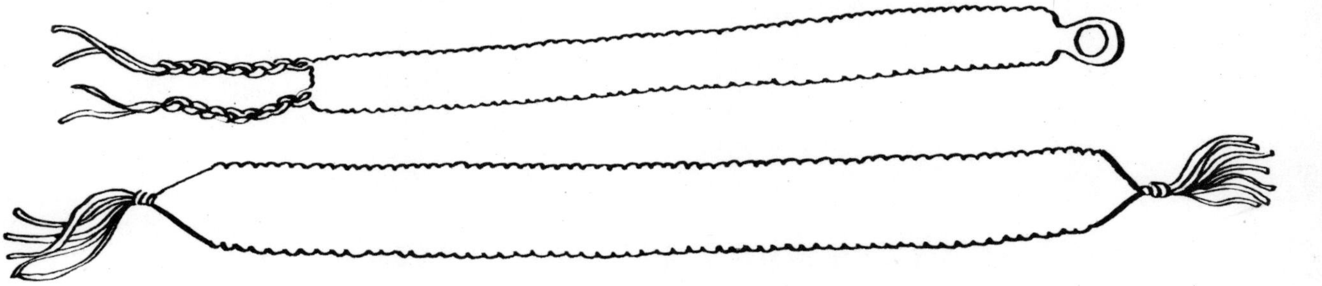

ZEICHNE EINEN ATEMBERAUBENDEN MANTEL
FÜR DIESE ANSPRUCHSVOLLE DAME

ENTWIRF EINE TASCHE, DIE ZU DIESEM HENKEL PASST

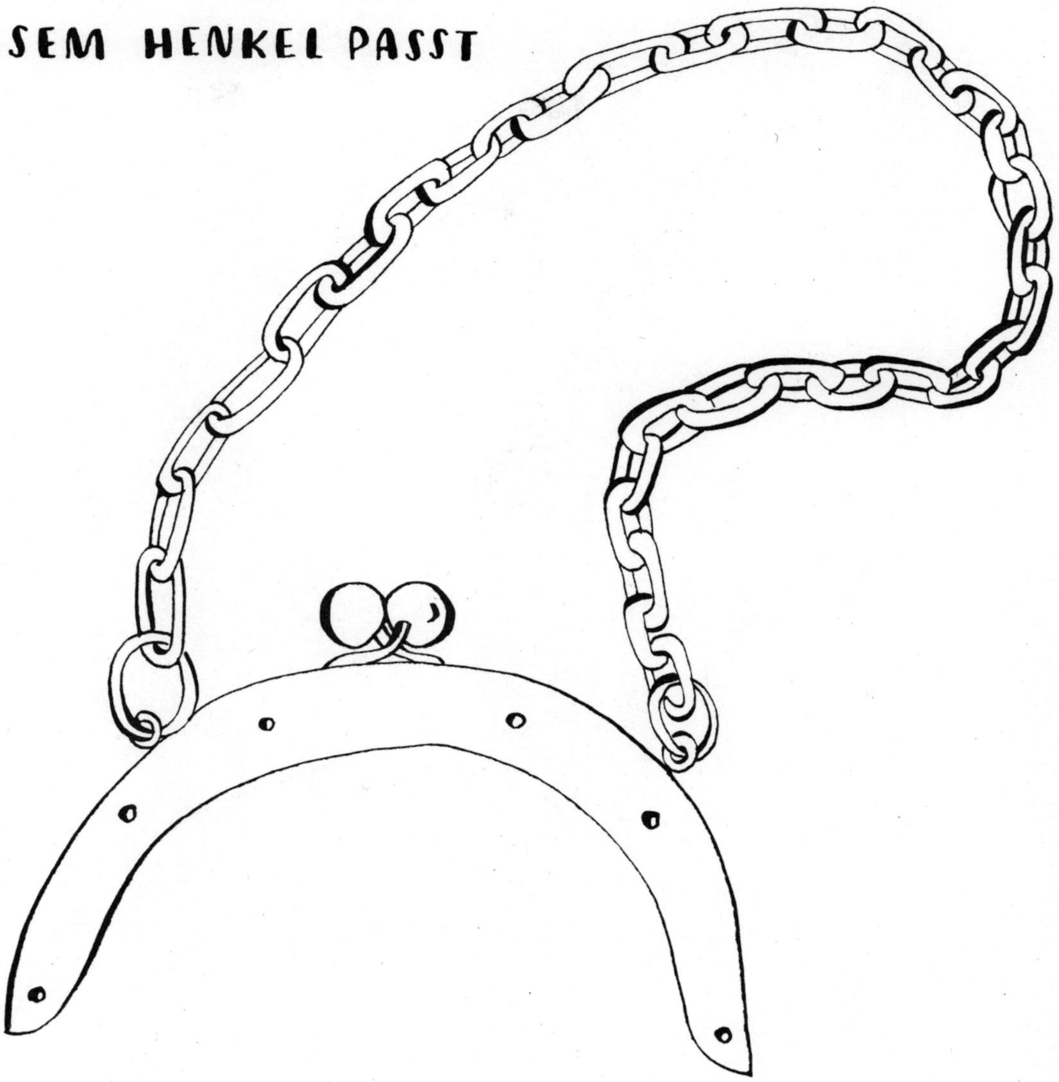

VERSCHÖNERE DIESES AMULETT
mit EINEM SUPER-DUPER-DESIGN

NÄHE KNÖPFE
IN ALLEN GRÖSSEN, FARBEN und FORMEN
AUF EIN T-SHIRT,
UM EIN EINZIGARTIGES STÜCK ZU SCHAFFEN

ZEICHNE DICH SELBST AUF DIESE SEITE
UND STYLE DICH MIT DEN KLEIDUNGSSTÜCKEN
VON DER GEGENÜBERLIEGENDEN SEITE

ZEICHNE SCHLEIFEN ENTLANG

DER NÄHTE DIESER STRÜMPFE

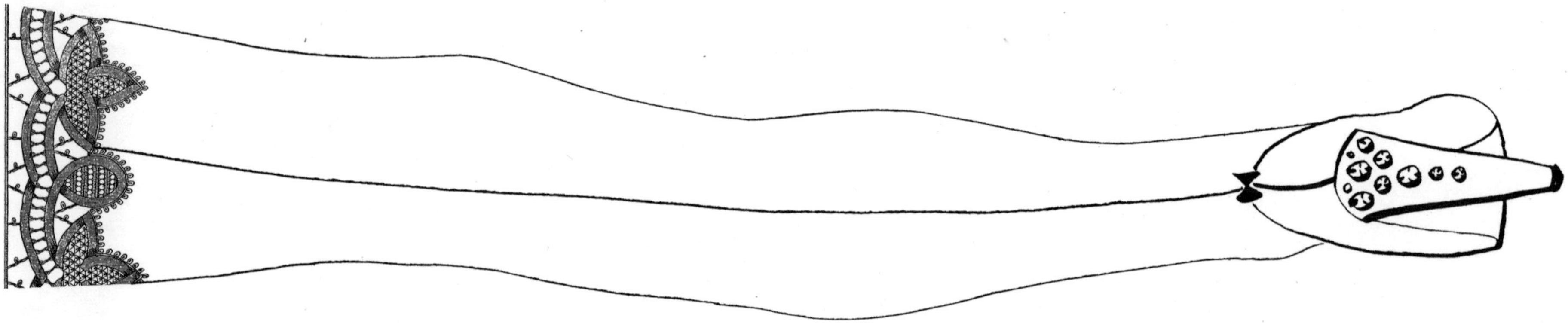

ENTWIRF
ein SENSATIONELLES
MUSTER
FÜR DIESE
KNIESTRÜMPFE

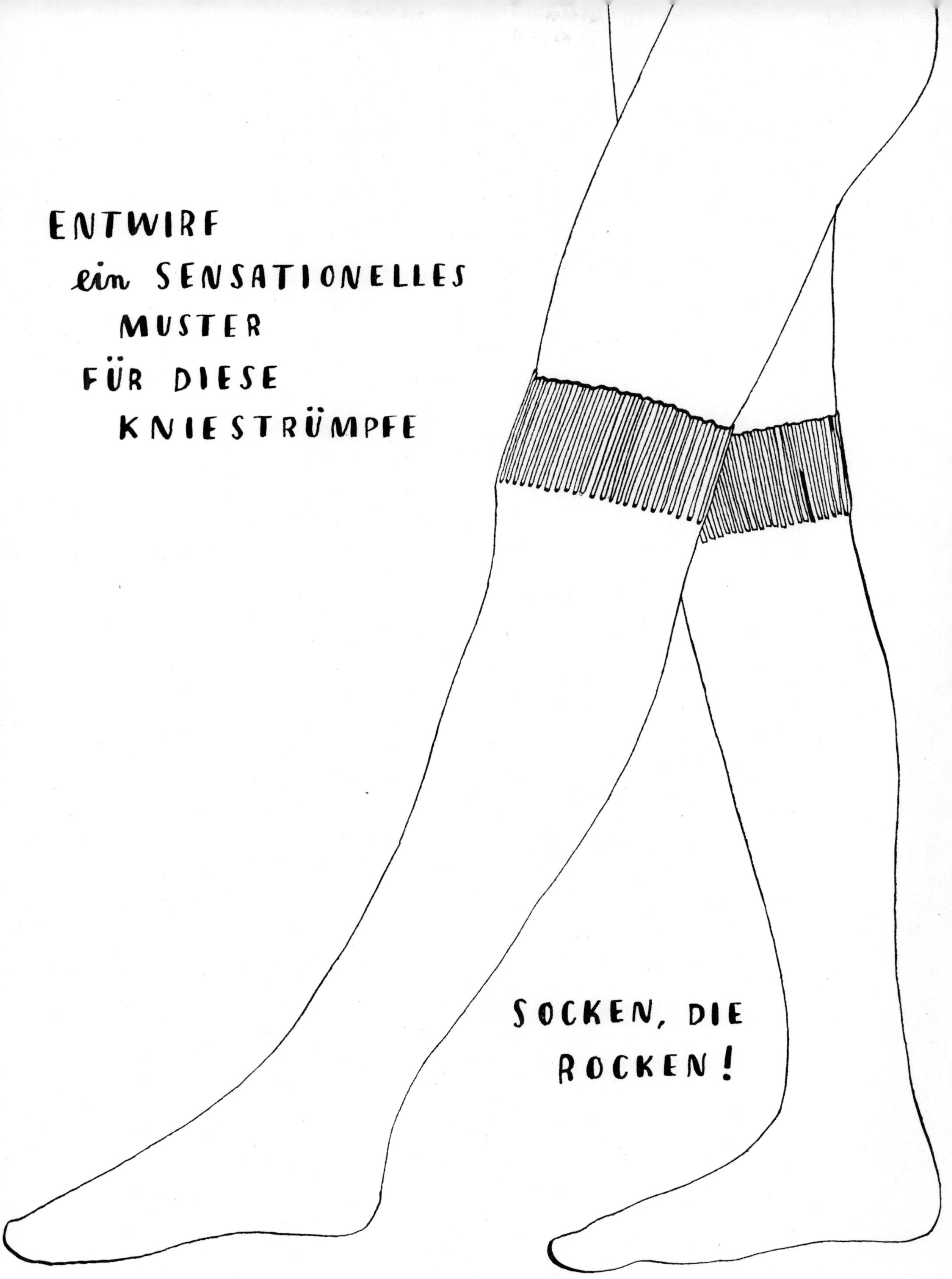

SOCKEN, DIE
ROCKEN!

ZEICHNE DEINE FANTASIEFRISUR

VIEL SPASS BEIM ZEICHNEN

DER FRISUREN DIESER DAMEN

HAAR-
STAR
Marie
Antoinette

IM 18. JAHRHUNDERT WAREN
SEIDENFÄCHER SEHR BELIEBT

FÄCHER

und WURDEN OFT
VON KÜNSTLERN BEMALT

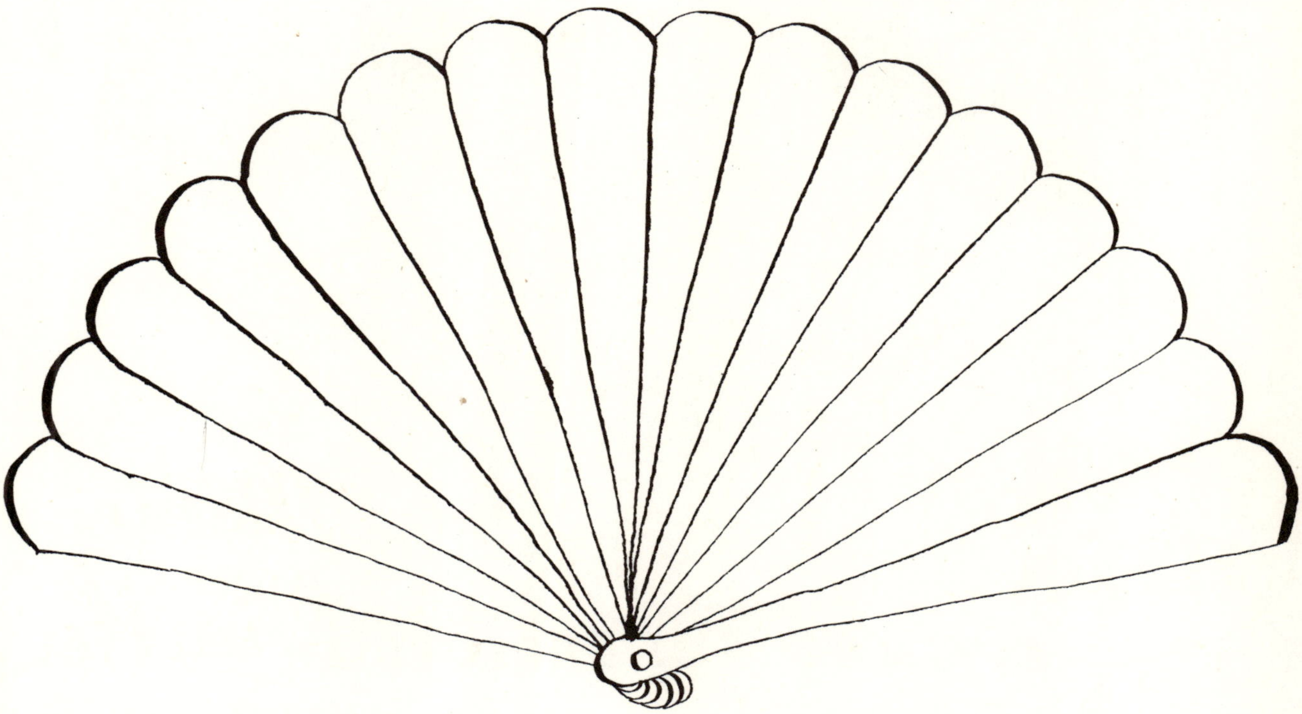

VIEL SPASS BEIM BEMALEN DIESES FÄCHERS

ERFINDE EIN MUSTER
FÜR DAS STIRNBAND

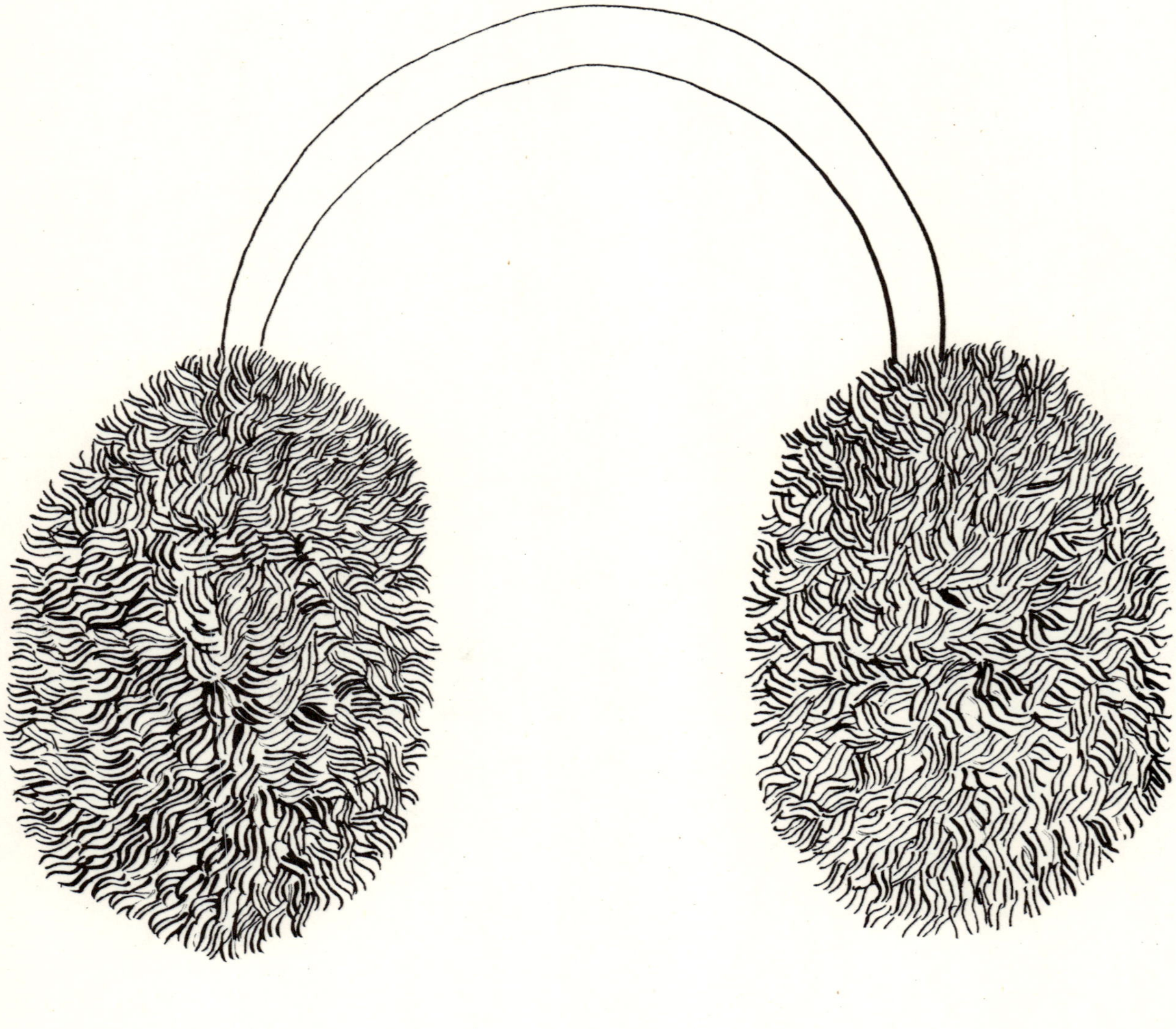

ZEICHNE EIN GESICHT ZU
DIESEN FLAUSCHIGEN OHRENSCHÜTZERN

ENTWIRF SELBST OHRENSCHÜTZER

MODE-ARCHIV

MOKASSINS
1885

NÖRDLICHE PRÄRIE,
STAMM DER SIOUX

HERGESTELLT AUS
HIRSCHHAUT,
GLASPERLEN
und
STACHELN
VON STACHELSCHWEINEN

MALE DIE PERLEN AN

Für welche
Farben
entscheidest
du dich?

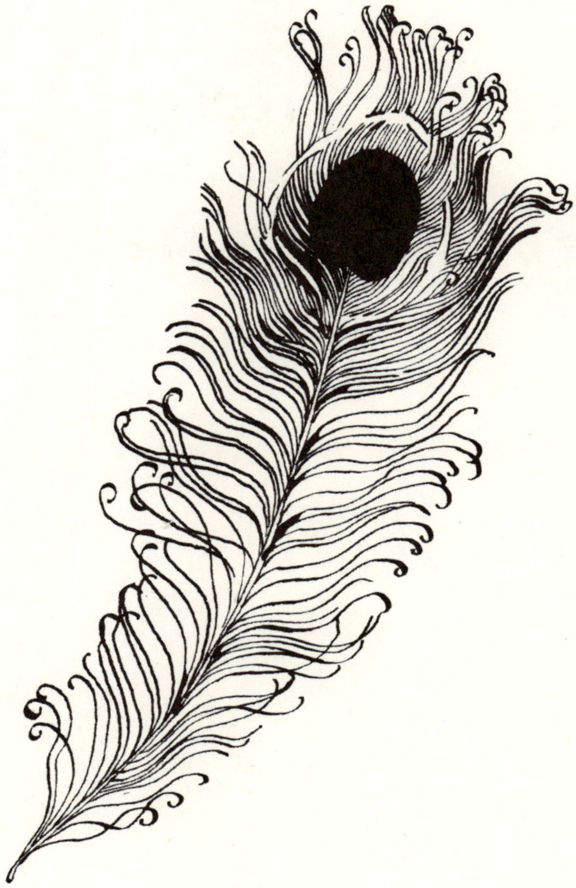

ZEICHNE EINEN WUNDERSCHÖNEN HUT,

DER ZU DIESER WUNDERSCHÖNEN FEDER PASST

VERZIERE DIESE STIEFEL
mit
FUNKELNDEN PAILLETTEN

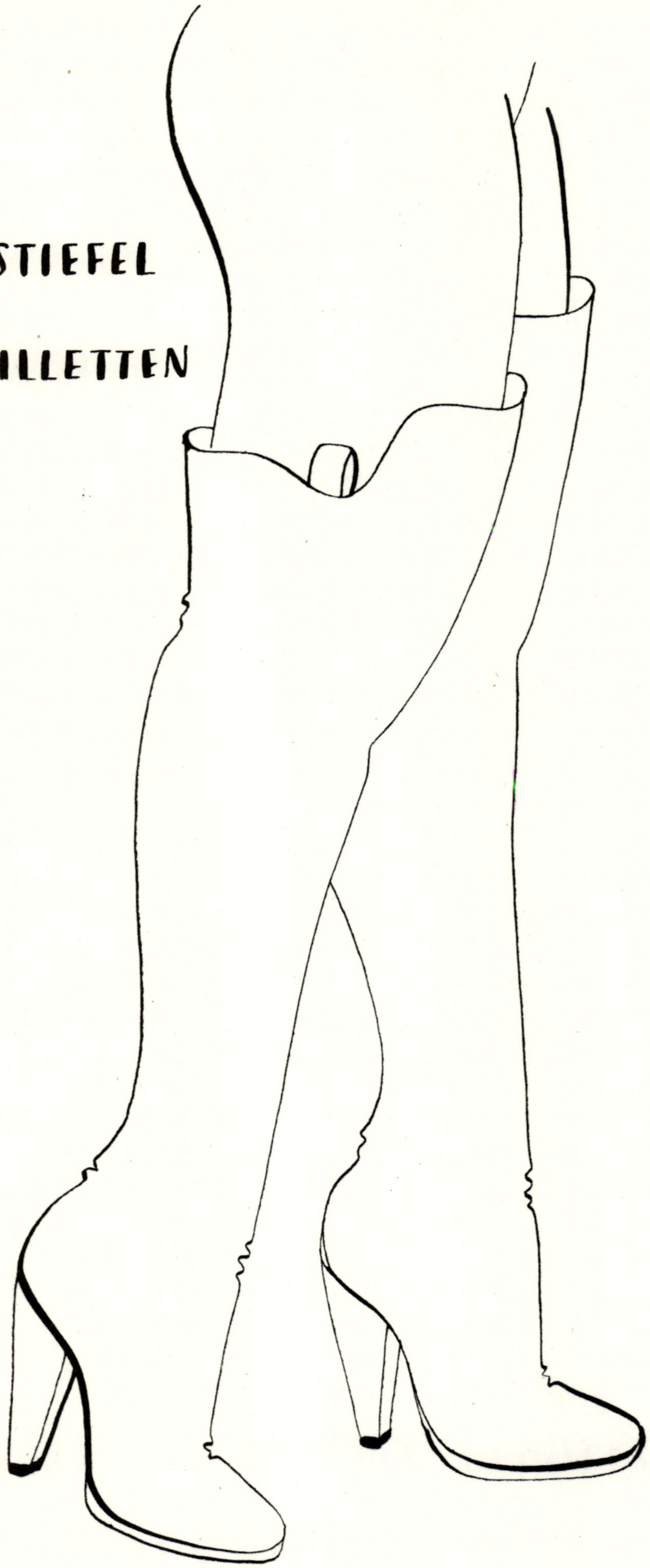

WELCHEN HUT
WÜRDEST DU
BEI MONDSCHEIN TRAGEN?

BITTE ZEICHNE IHN
FÜR MICH!

MODE-RÜCKBLICK

DIE 1960er

WEISSER LIPPENSTIFT

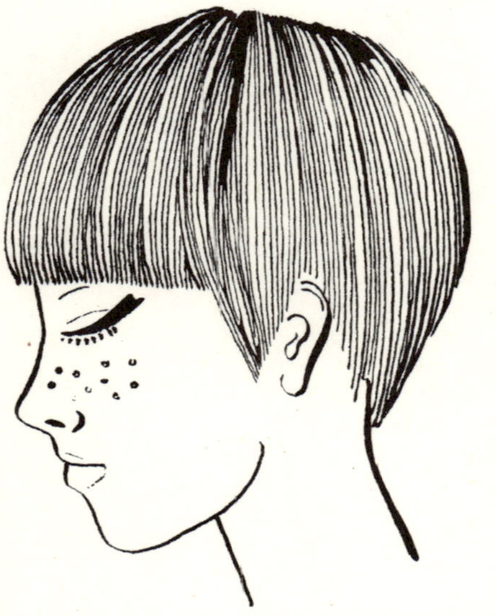

FIVE-POINT-BOB

PEACE-ANHÄNGER

OP-ART-MUSTER

BEDRUCKTE PAPIERKLEIDER

GO-GO-STIEFEL

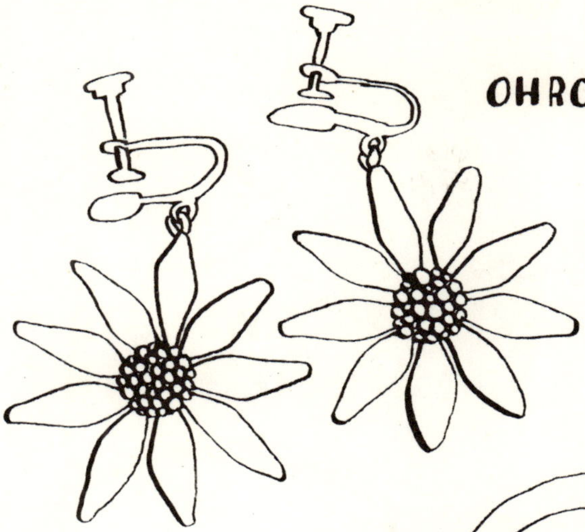

OHRCLIPS

"JACKIE O"-SONNENBRILLEN

BRIGITTE-BARDOT-AUGEN

STRUMPFHOSEN

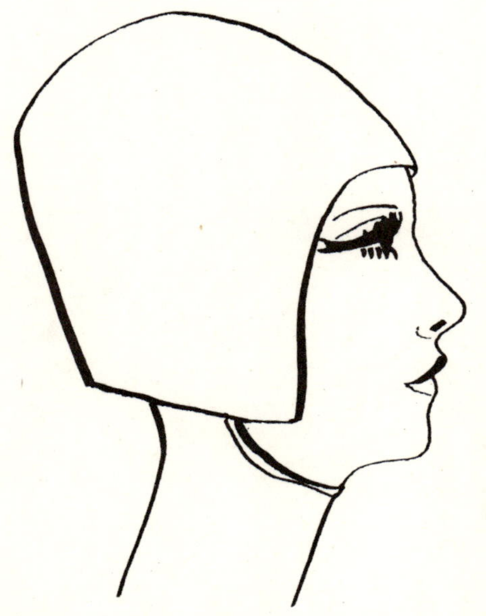

HÜTE IM WELTRAUM-LOOK

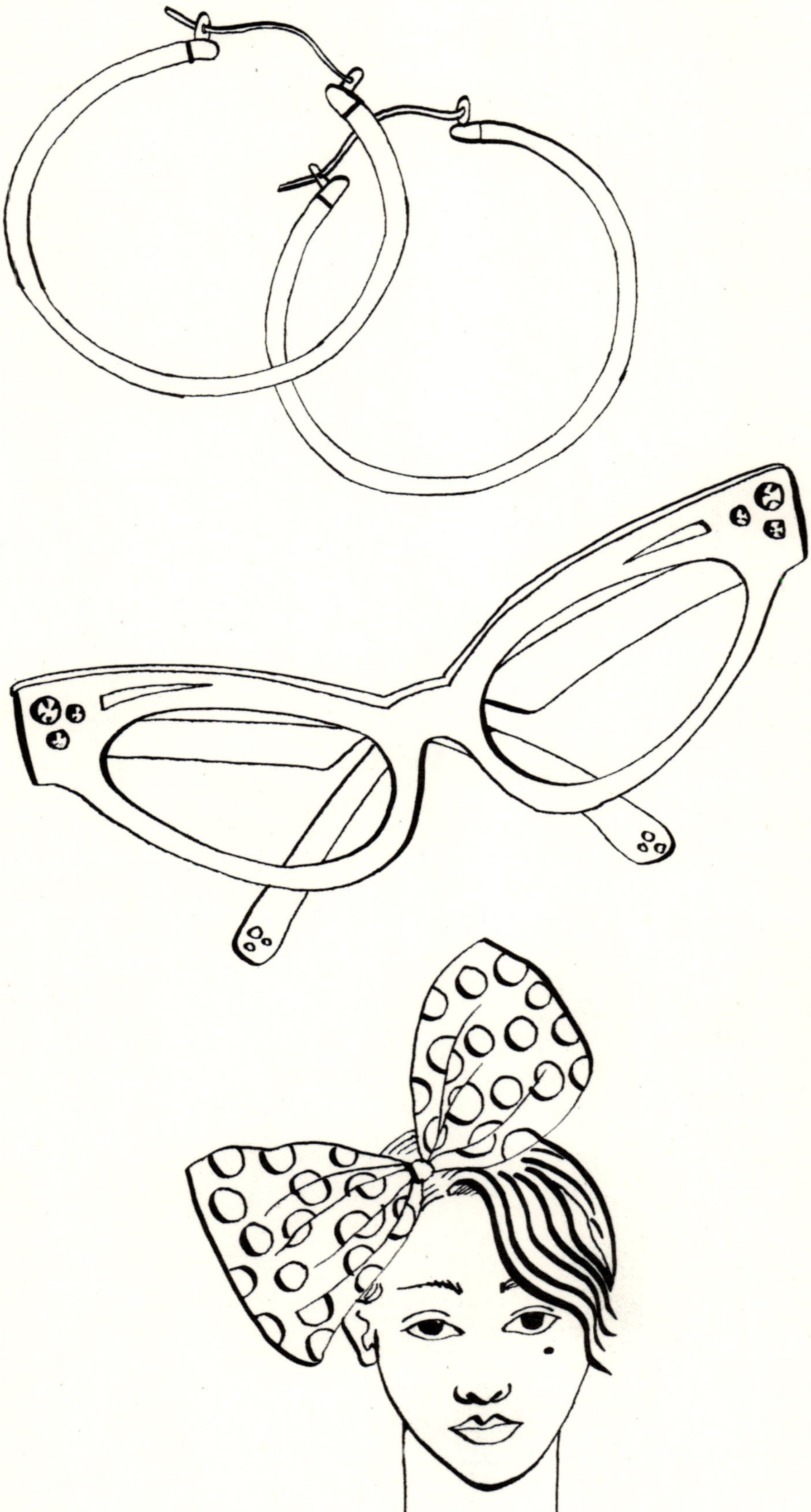

ZEICHNE *ein* GESICHT AUF DIESE SEITE
UND FÜGE DIE ACCESSOIRES
VON DER GEGENÜBERLIEGENDEN SEITE HINZU

Bemale JEDEN SCHUH
MIT EINEM ENTZÜCKENDEN
MUSTER

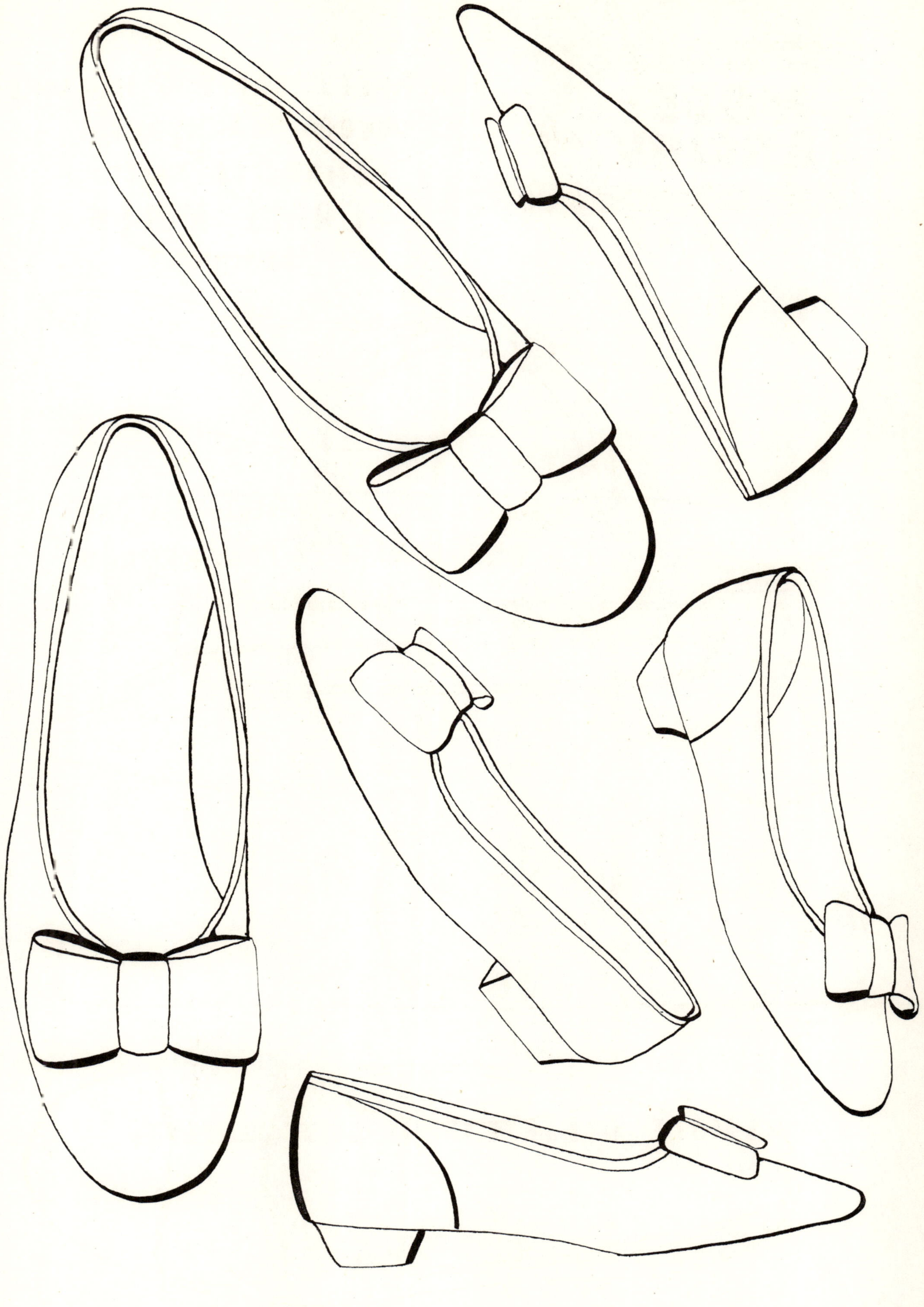

MODE-ARCHIV

DIE KELLY-BAG VON HERMÈS WURDE NACH DER SCHAUSPIELERIN GRACE KELLY BENANNT

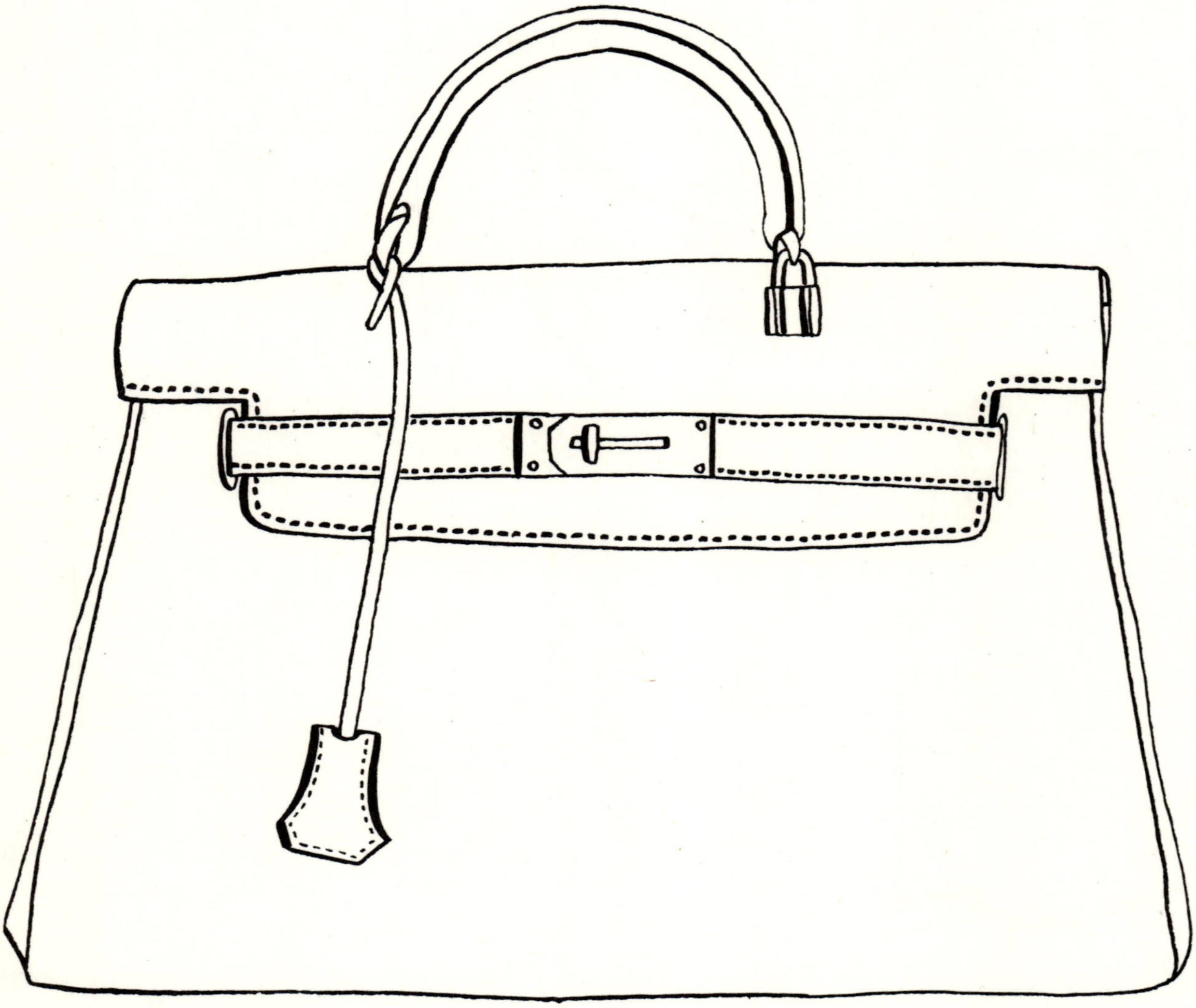

BEMALE DIESE TASCHE MIT GRAFFITI

ICH WÜRDE NIEMALS _________________________ ANZIEHEN

BIZARRE SCHUHE

VON THEA CADABRA

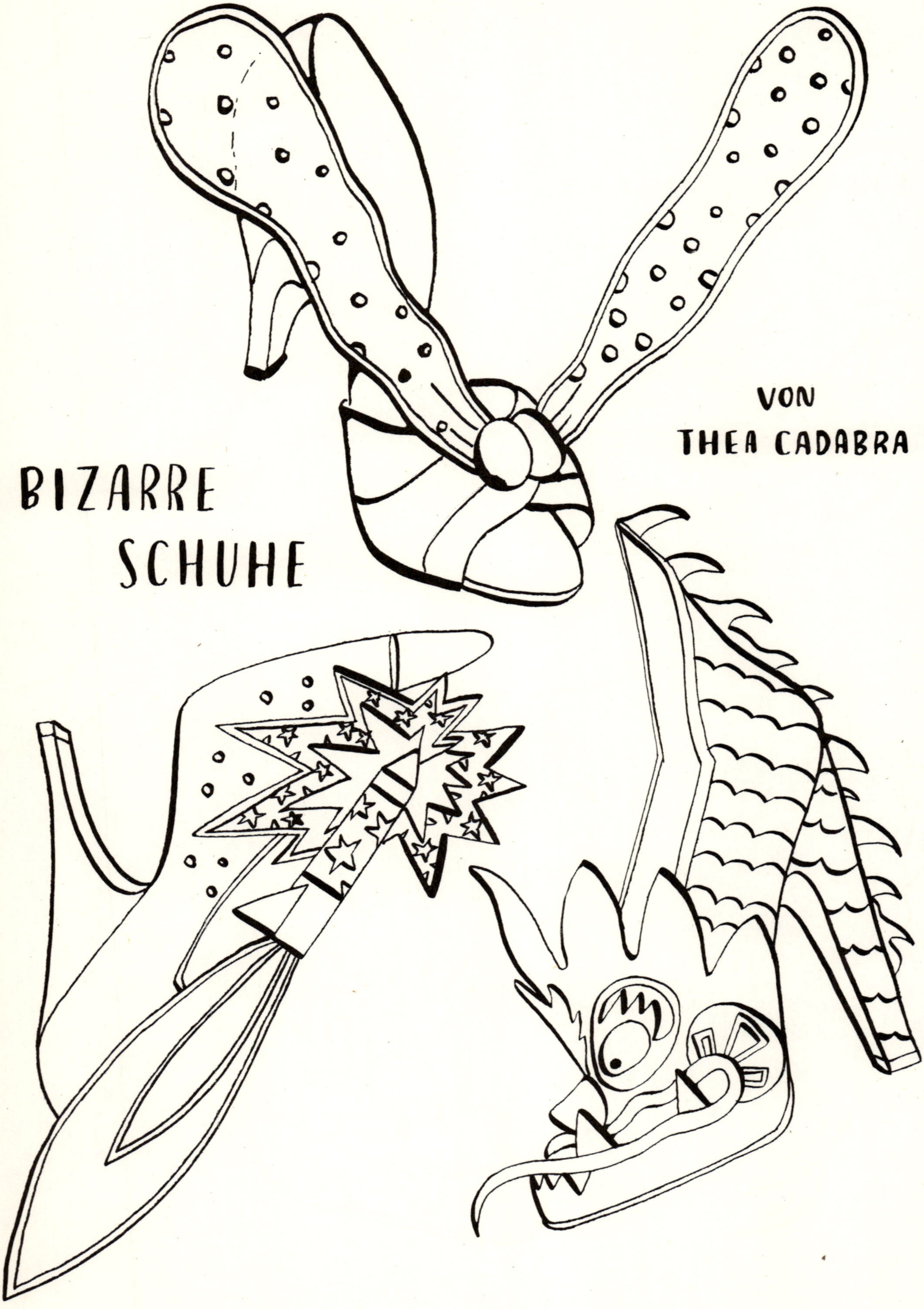

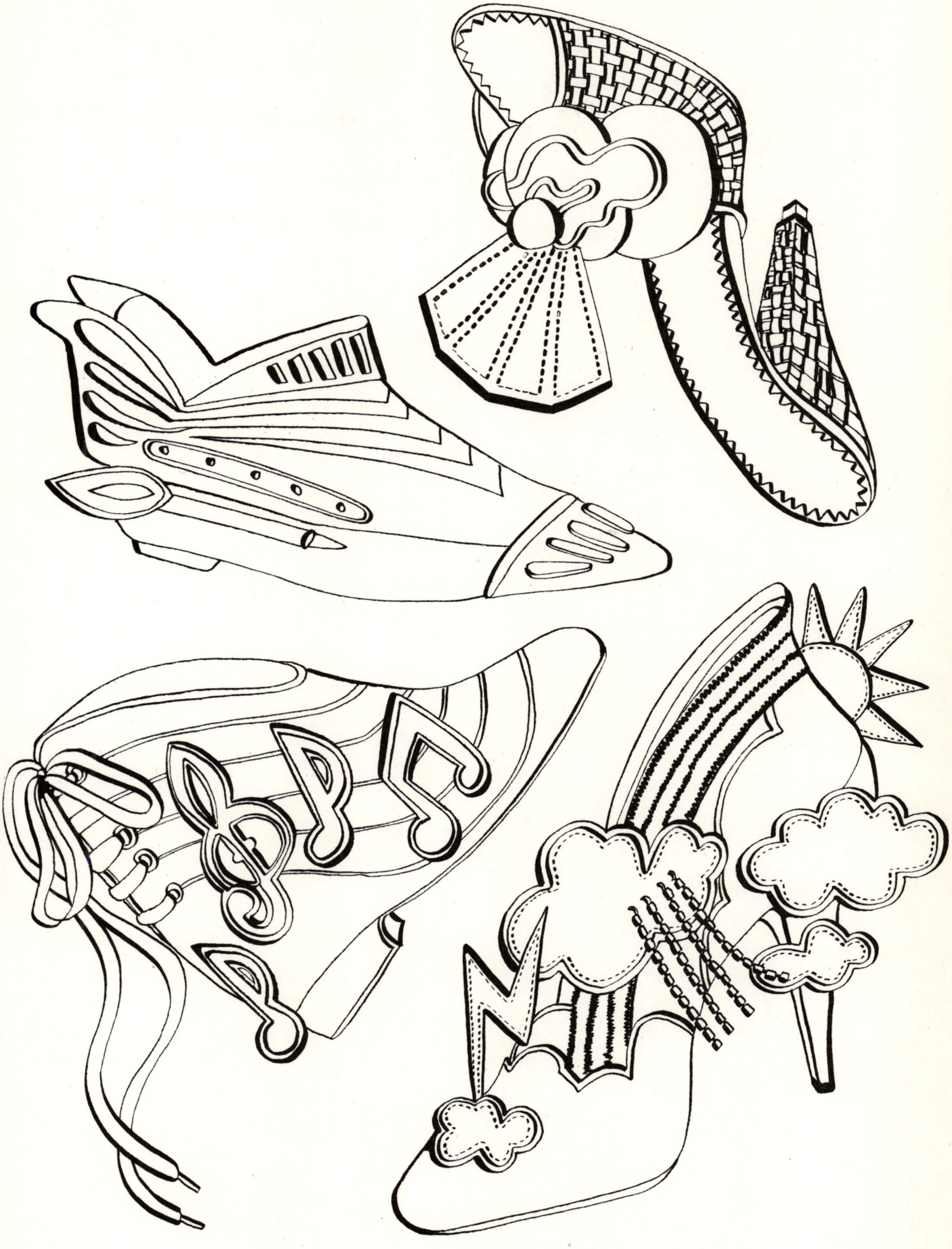

LASS DEINER FANTASIE FREIEN LAUF!

LASS DICH VON THEAS SCHUHEN INSPIRIEREN

UND ENTWIRF SELBST

ATEMBERAUBENDE SCHUHE

KÖNIGIN KLEOPATRA

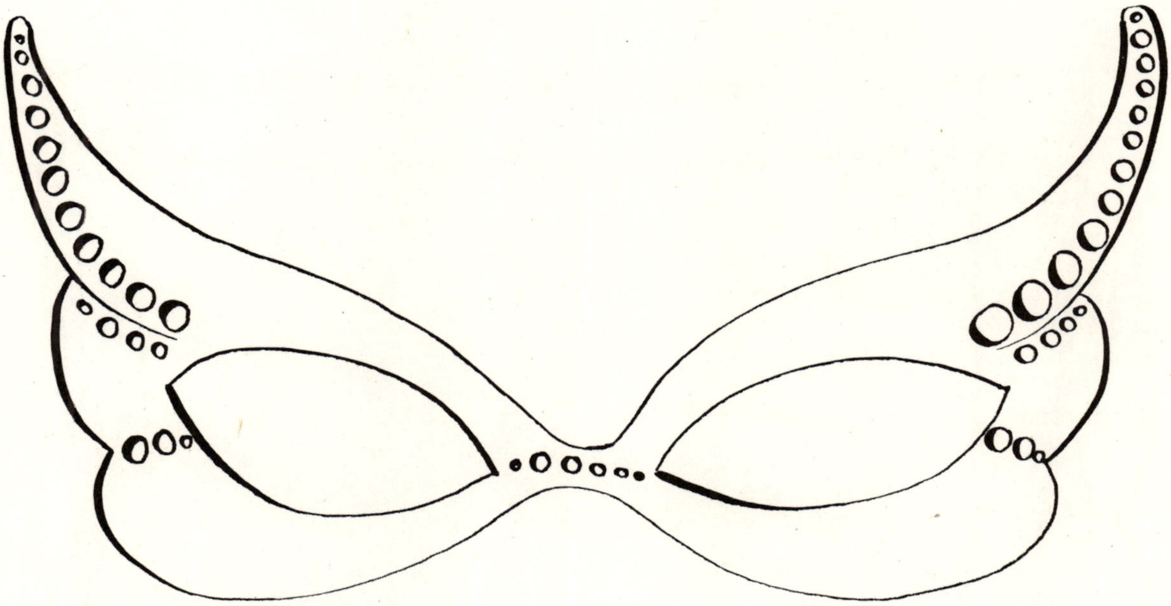

UM DEINE AUGEN ZU VERSTECKEN,
MUSST DU DIESE MASKE MIT VIEL FIRLEFANZ
BEDECKEN

ZEICHNE

EINE LANDSCHAFT

AUF DIESE JEANS-HOSENTASCHE

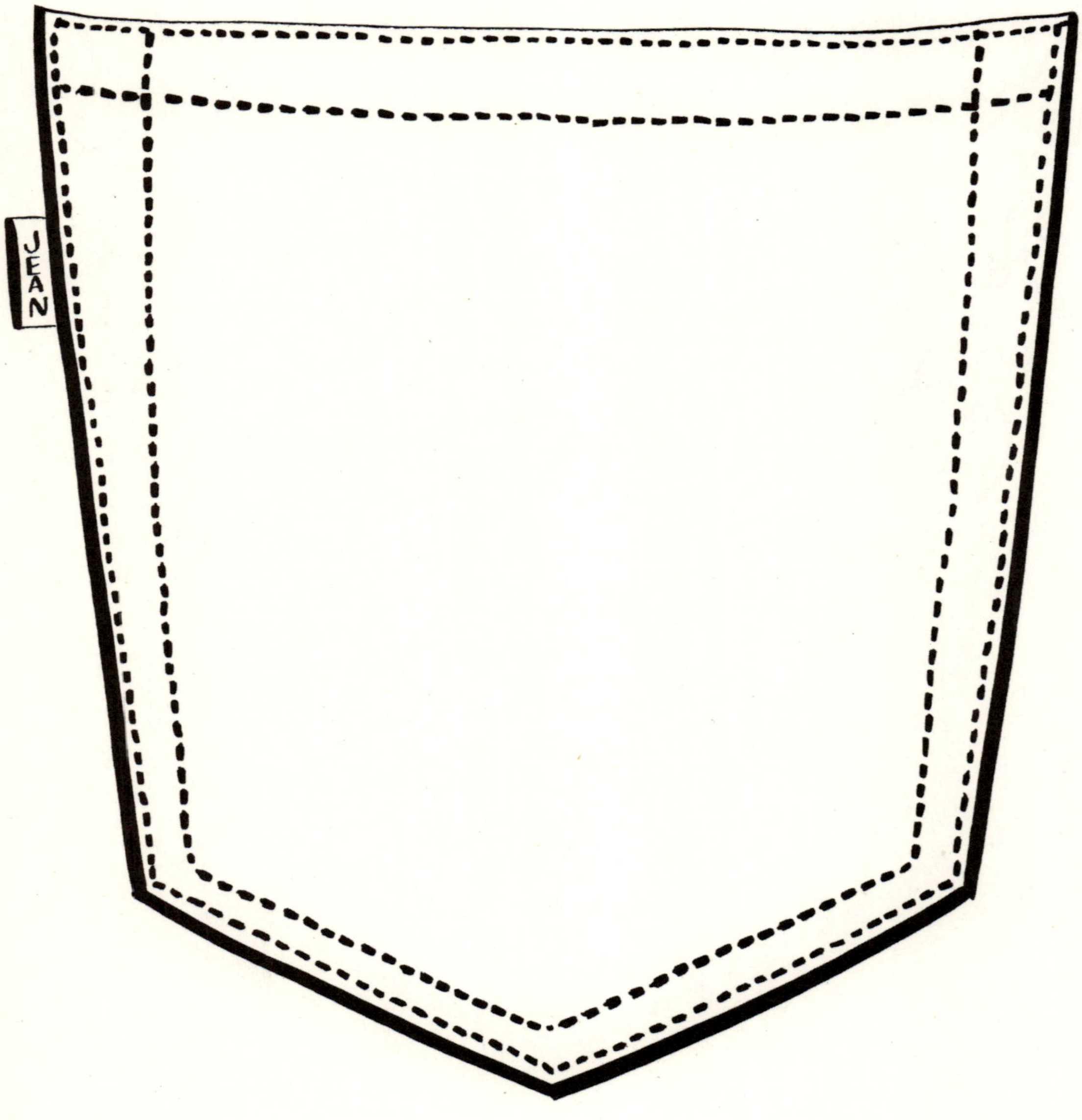

ZEICHNE

ETWAS ERSTAUNLICHES

AUF DIESE JEANS-HOSENTASCHE

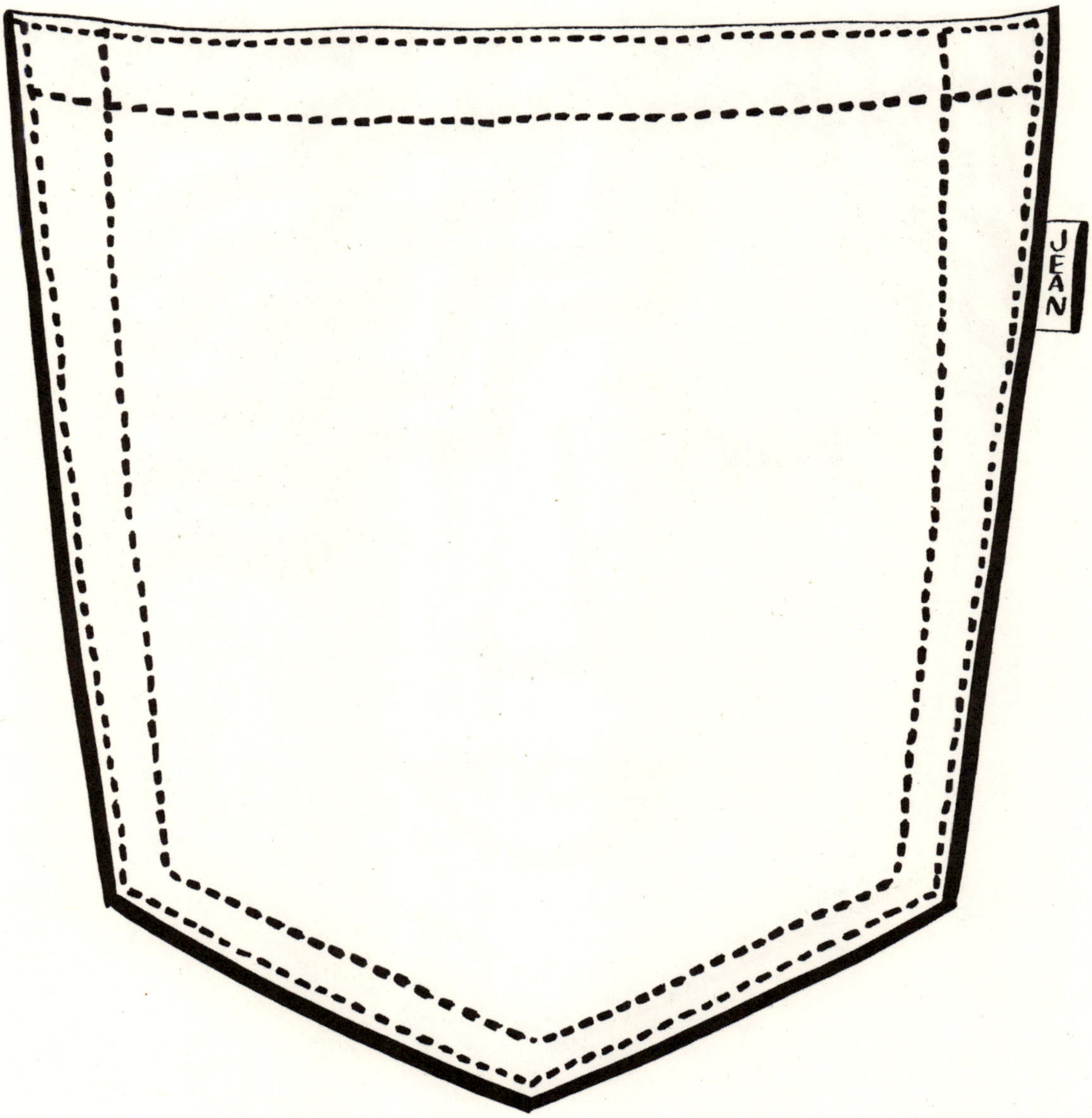

ICH HABE EIN GESICHT

AUF MEINE JEANS-HOSENTASCHE GEZEICHNET

JETZT BIST DU DRAN!

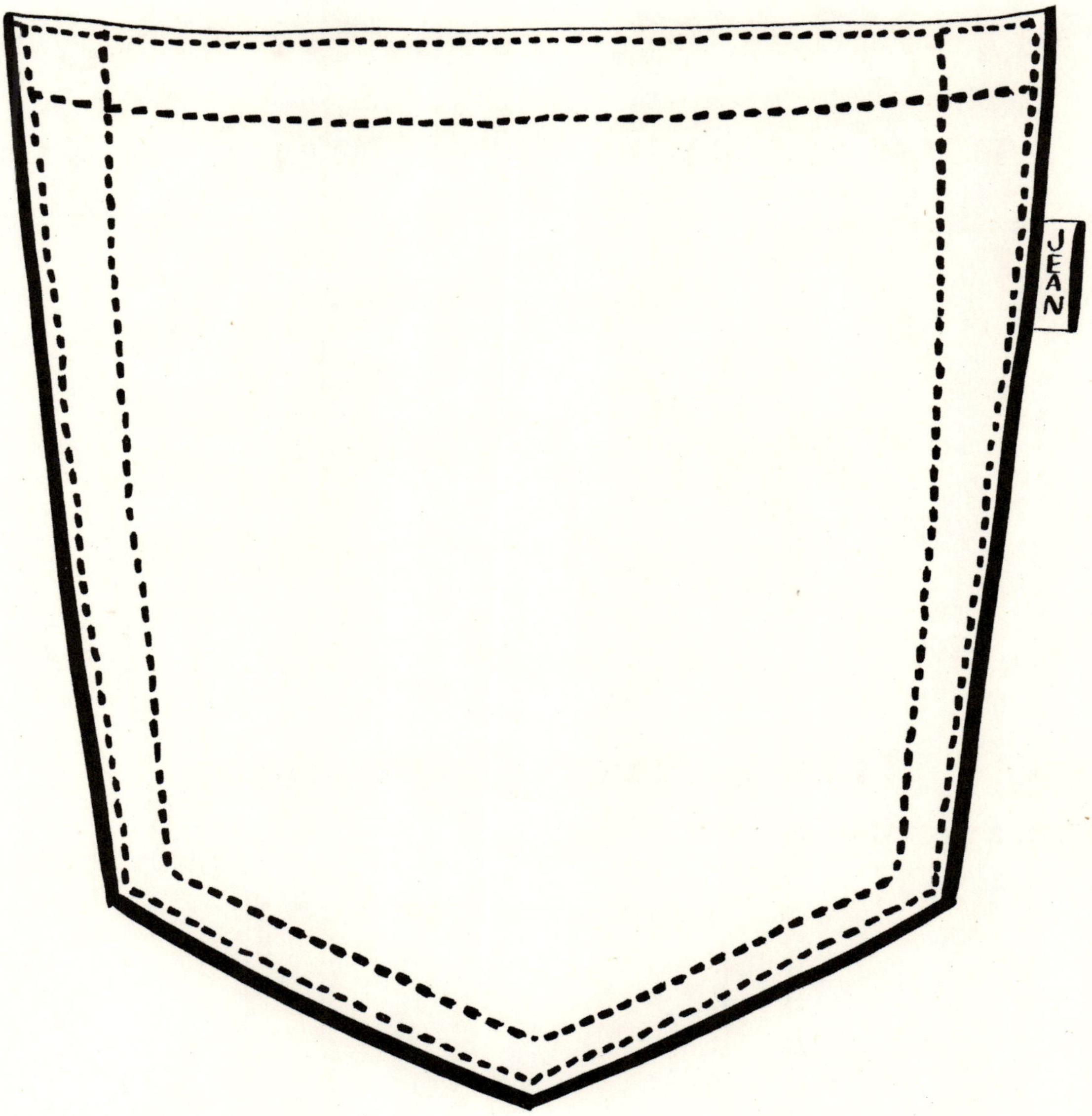

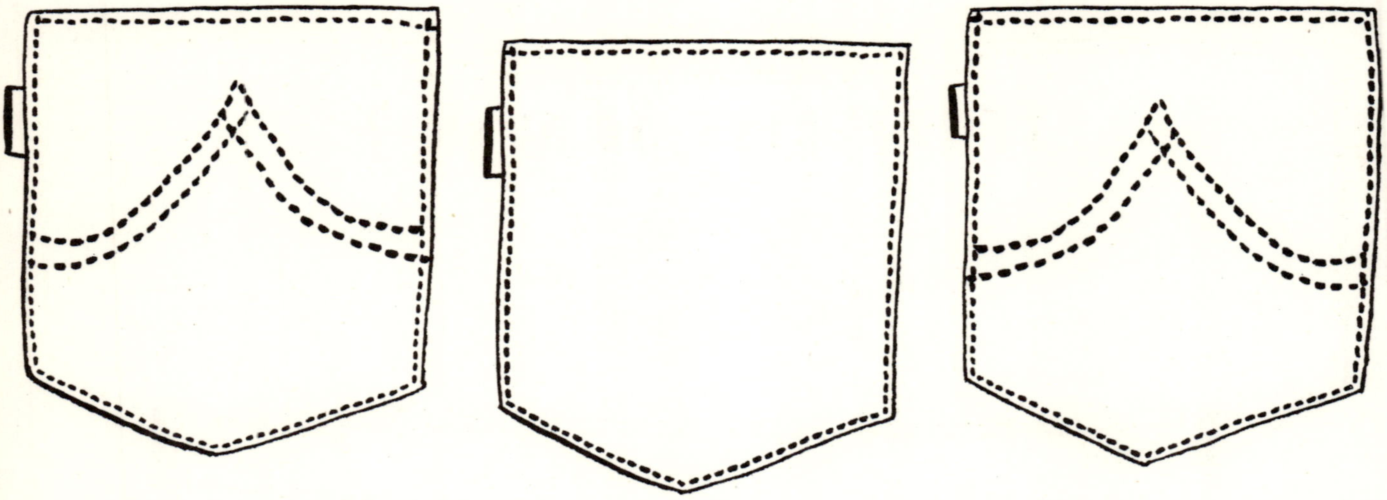

MACH AUS JEDER DIESER HOSENTASCHEN

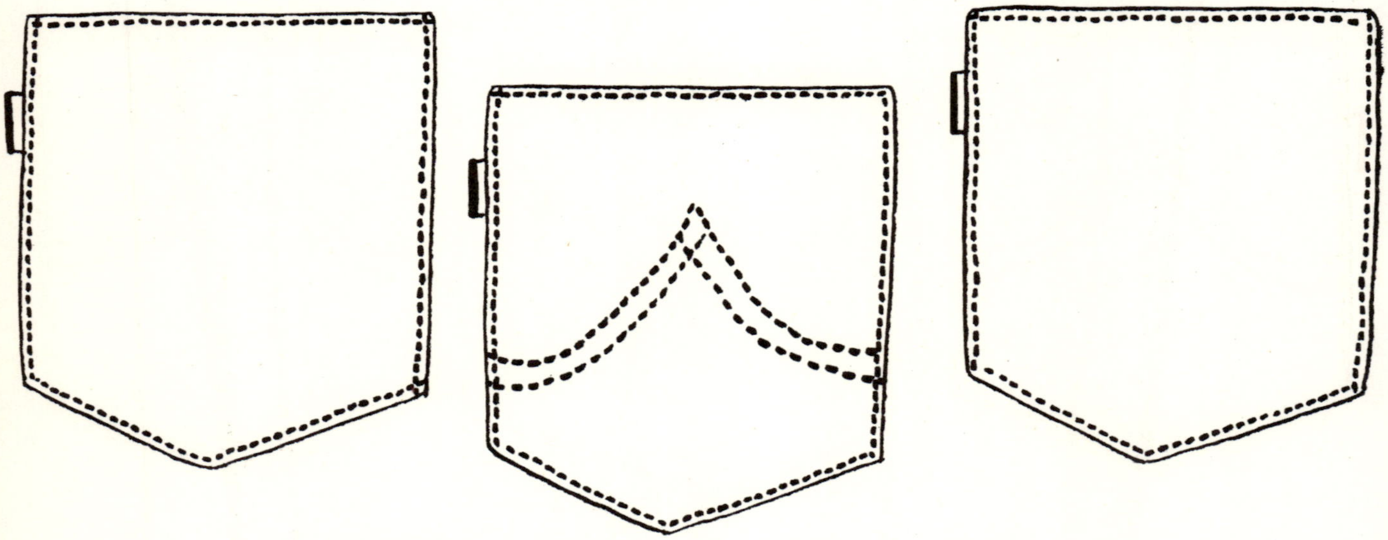

EIN KLEINES MEISTERWERK

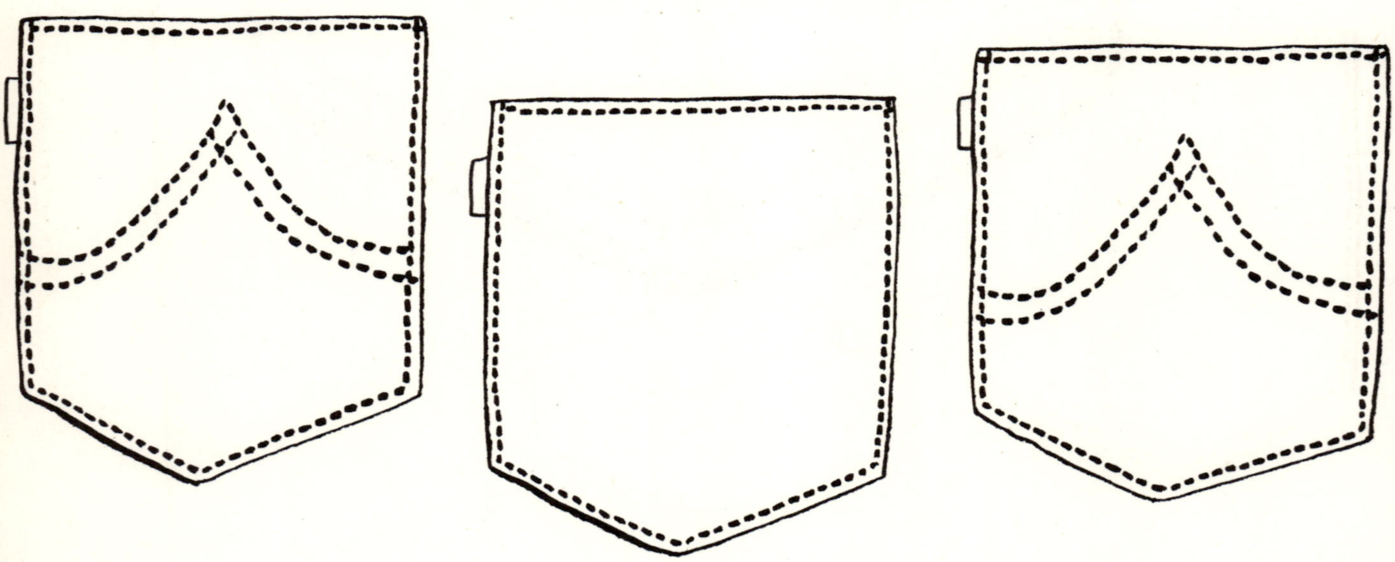

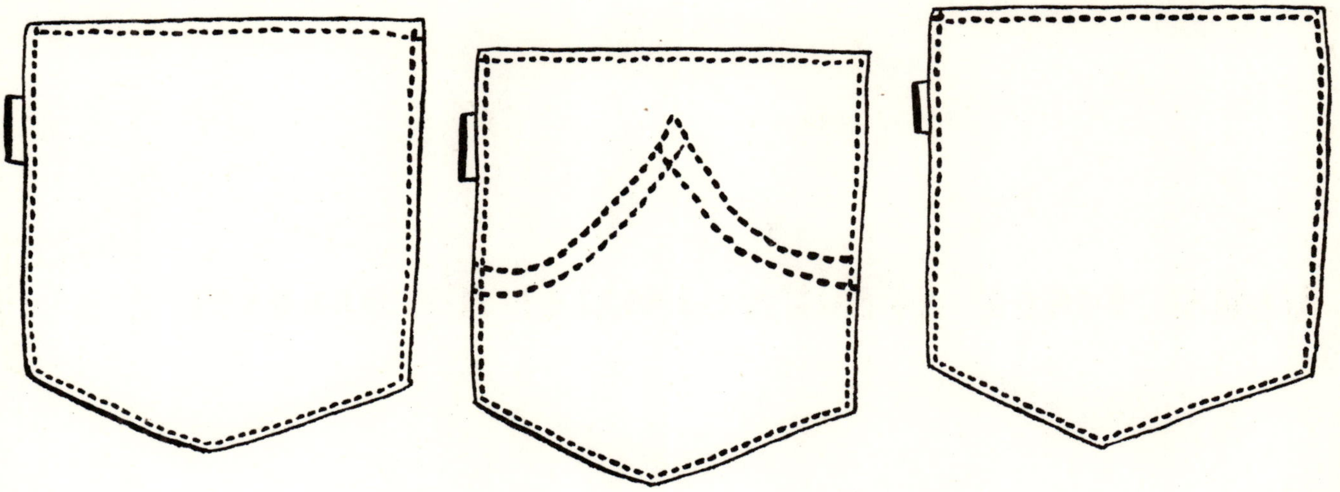

BEMALE SIE

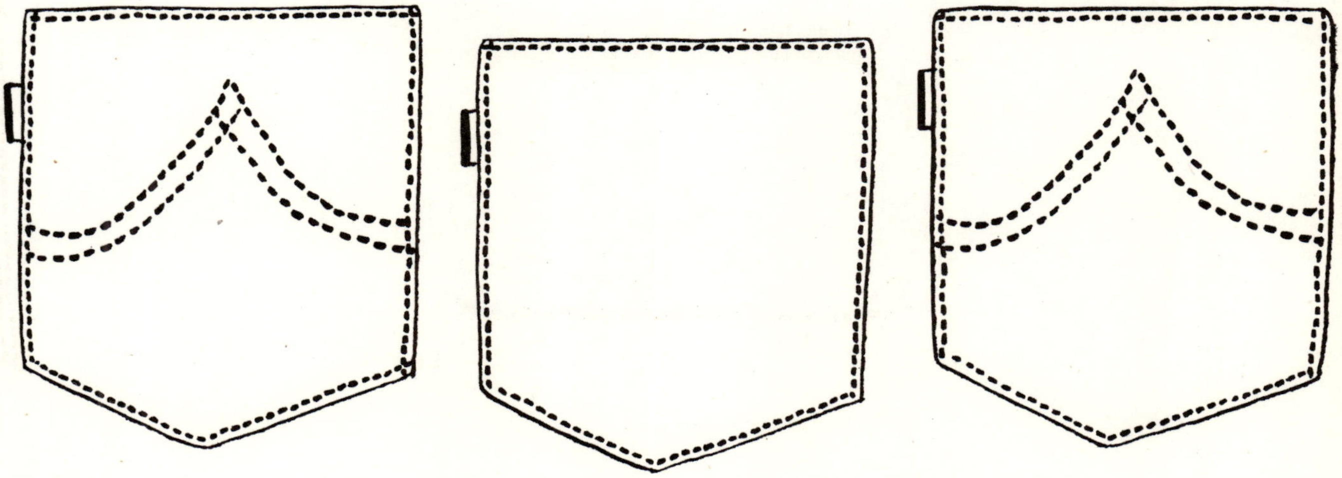

MIT GESICHTERN, DOODLES und WAS IMMER DIR GEFÄLLT

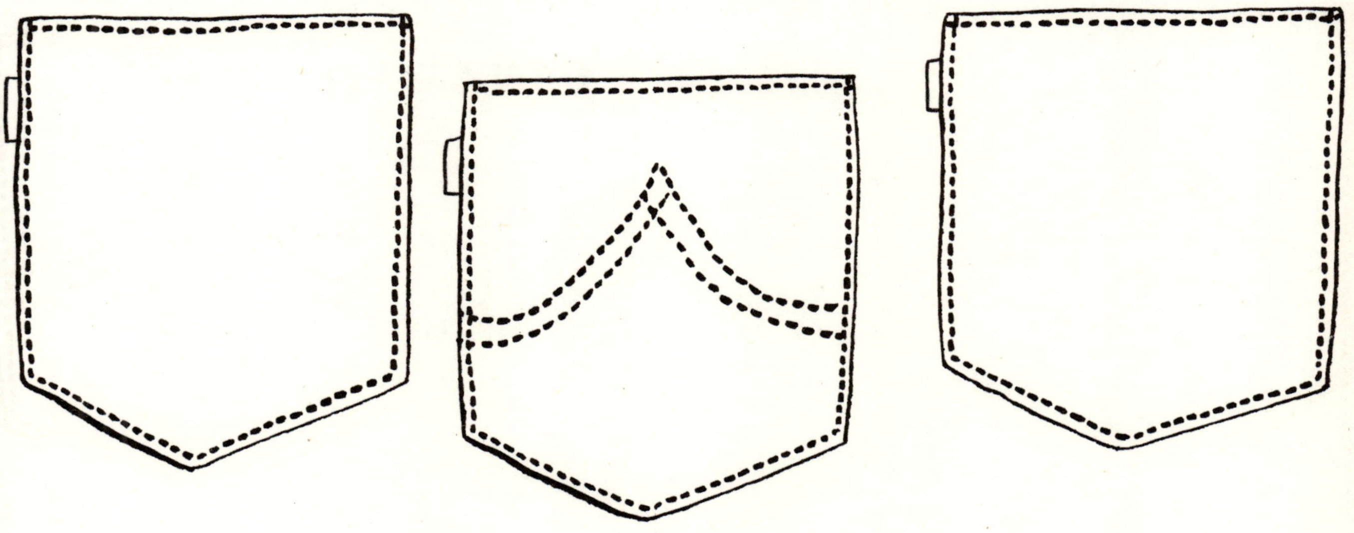

NIMM EINEN STINKNORMALEN GELDBEUTEL

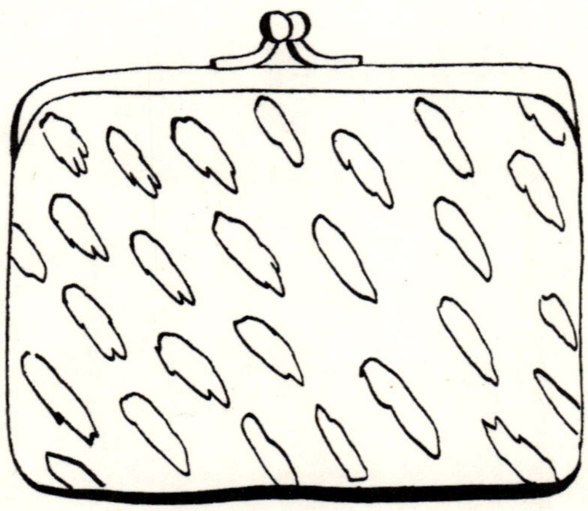

... UND MACH DARAUS ETWAS
GANZ BESONDERES

JUDY BLAME

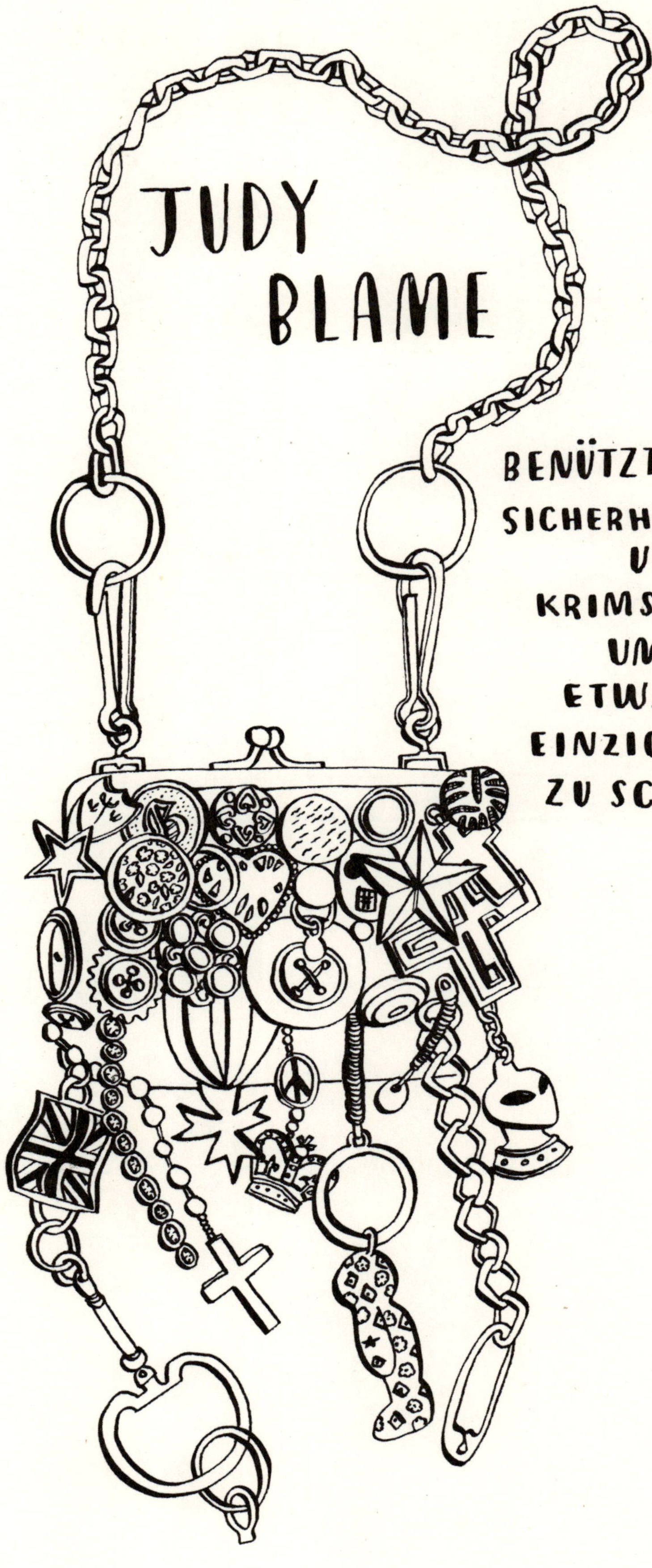

BENÜTZT KNÖPFE, SICHERHEITSNADELN UND KRIMSKRAMS UM ETWAS EINZIGARTIGES ZU SCHAFFEN

„ICH KANN AUS ALLEM ETWAS MACHEN, UND ICH SEHE ÜBERALL SCHÖNHEIT."

ENTWIRF EINE TASCHE,
DIE ZU DIESER KETTE PASST

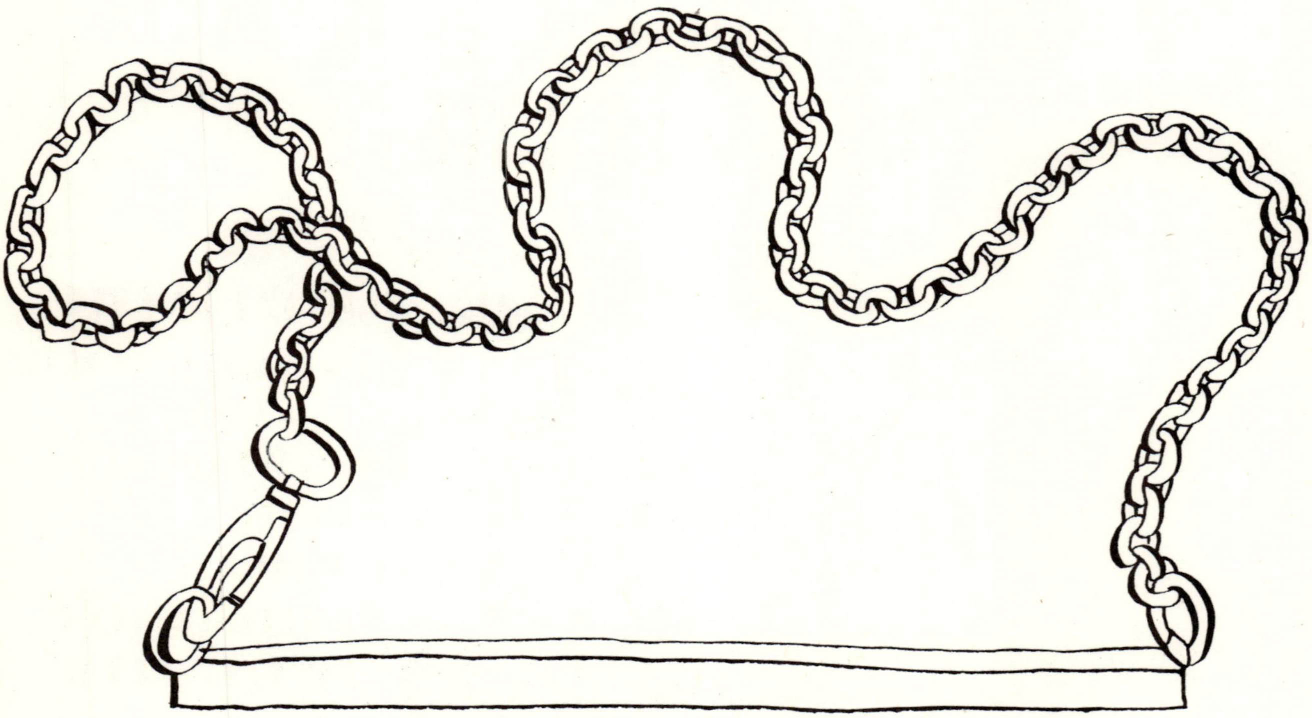

ICH WÜRDE NIEMALS ____________________ ANZIEHEN

CHOOSE
LIFE

ZEICHNE DICH SELBST AUF DIESE SEITE
UND STYLE DICH MIT DEN DINGEN
VON DER GEGENÜBERLIEGENDEN SEITE

ZEICHNE NOCH MEHR PAILLETTEN

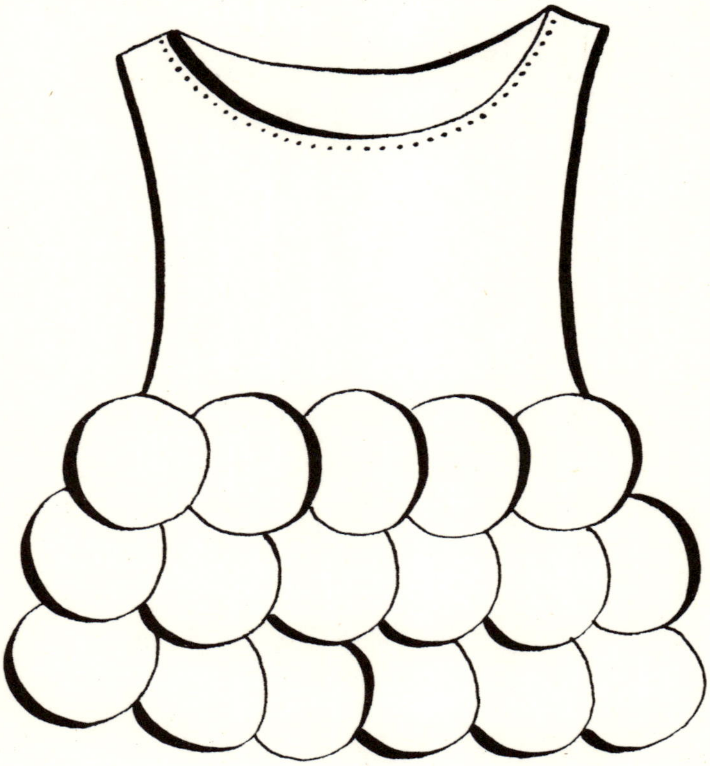

MALE JEDE PAILLETTE
IN EINER ANDEREN FARBE AUS
FÜR EINE HINREISSENDE KREATION

ZEICHNE EIN GETUPFTES PAAR SCHUHE

MODE-ARCHIV

JEAN DESSÈS

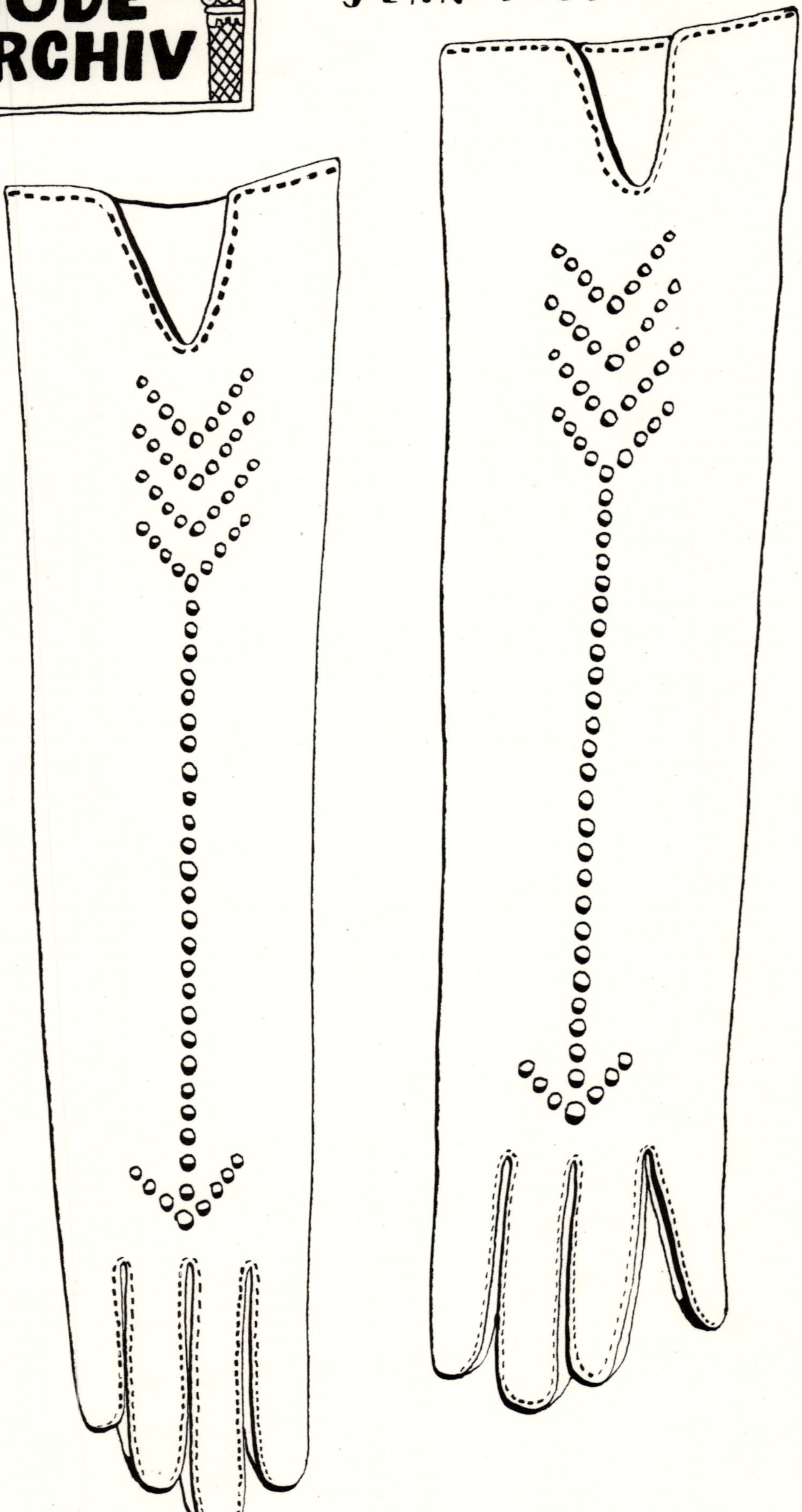

MIT STRASS BESETZTE ABENDHANDSCHUHE
AUS DEN 1950ERN

FÜLLE DIESE HERZTASCHE
MIT DEN NAMEN DER MENSCHEN,
DIE DU LIEBST
und
ZEICHNE GANZ VIELE ♡EN

HAAR-
STAR
DIE EINZIGARTIGE,
UNVERGLEICHLICHE
GRACE JONES

WER MAG WOHL DIESE GEWAGTE
SONNENBRILLE TRAGEN?

ENTWIRF

HÜBSCHE SCHLEIFEN FÜR DIESE HANDSCHUHE

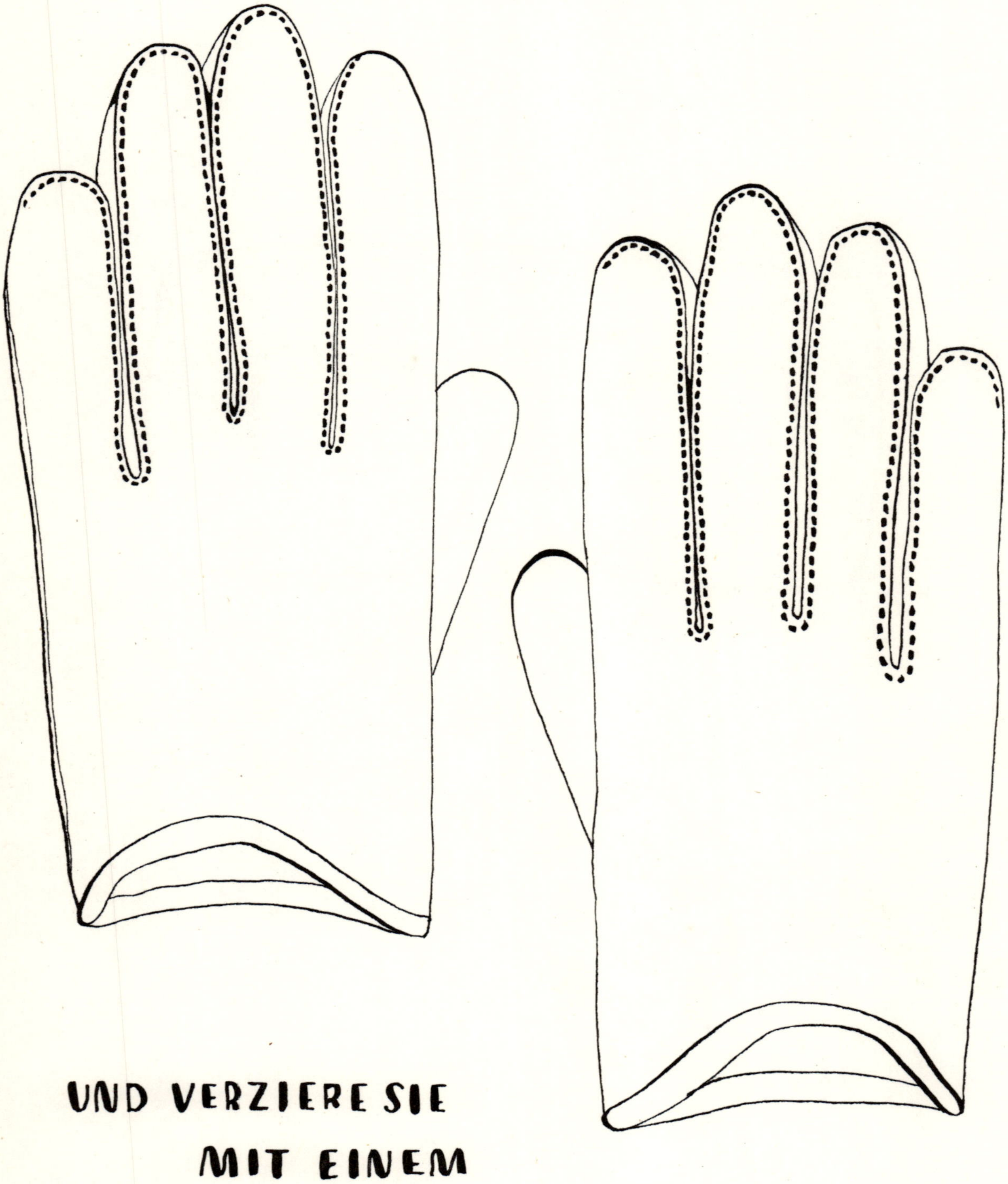

UND VERZIERE SIE
MIT EINEM
PÜNKTCHENMUSTER

ZEICHNE SCHUHE FÜR DIESE SCHLEIFEN

ENTWIRF EIN HAARBAND FÜR DIESE SCHLEIFE

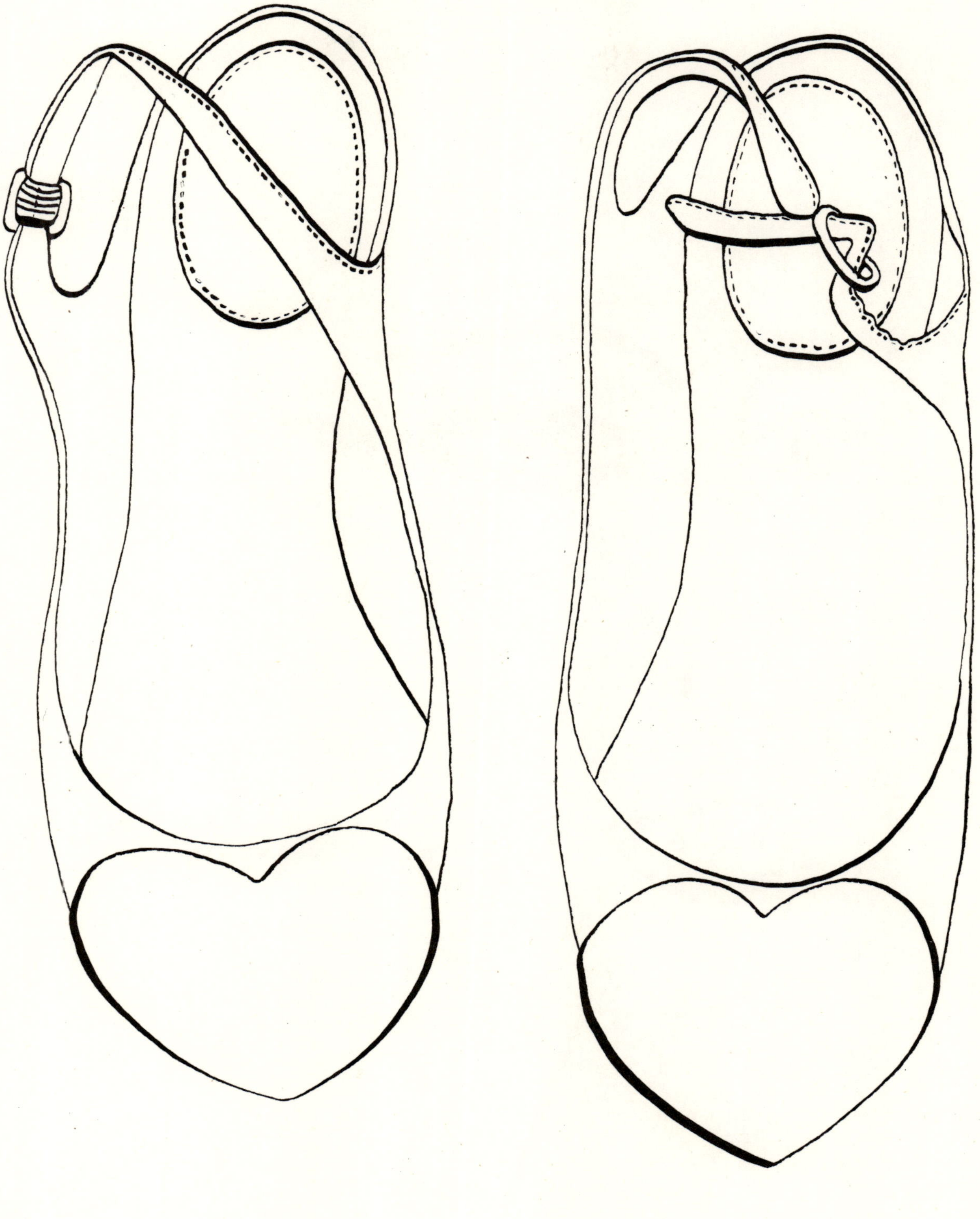

ICH LIEBE DIE SCHUHE MEINER FREUNDIN IZZIE,
MALE SIE PINK und ROT AN

ZEICHNE KLEOPATRA EINE FRISUR,
DIE EINER KÖNIGIN WÜRDIG IST

ZEICHNE EIN GESICHT,
DAS ZU DIESEM BOB PASST

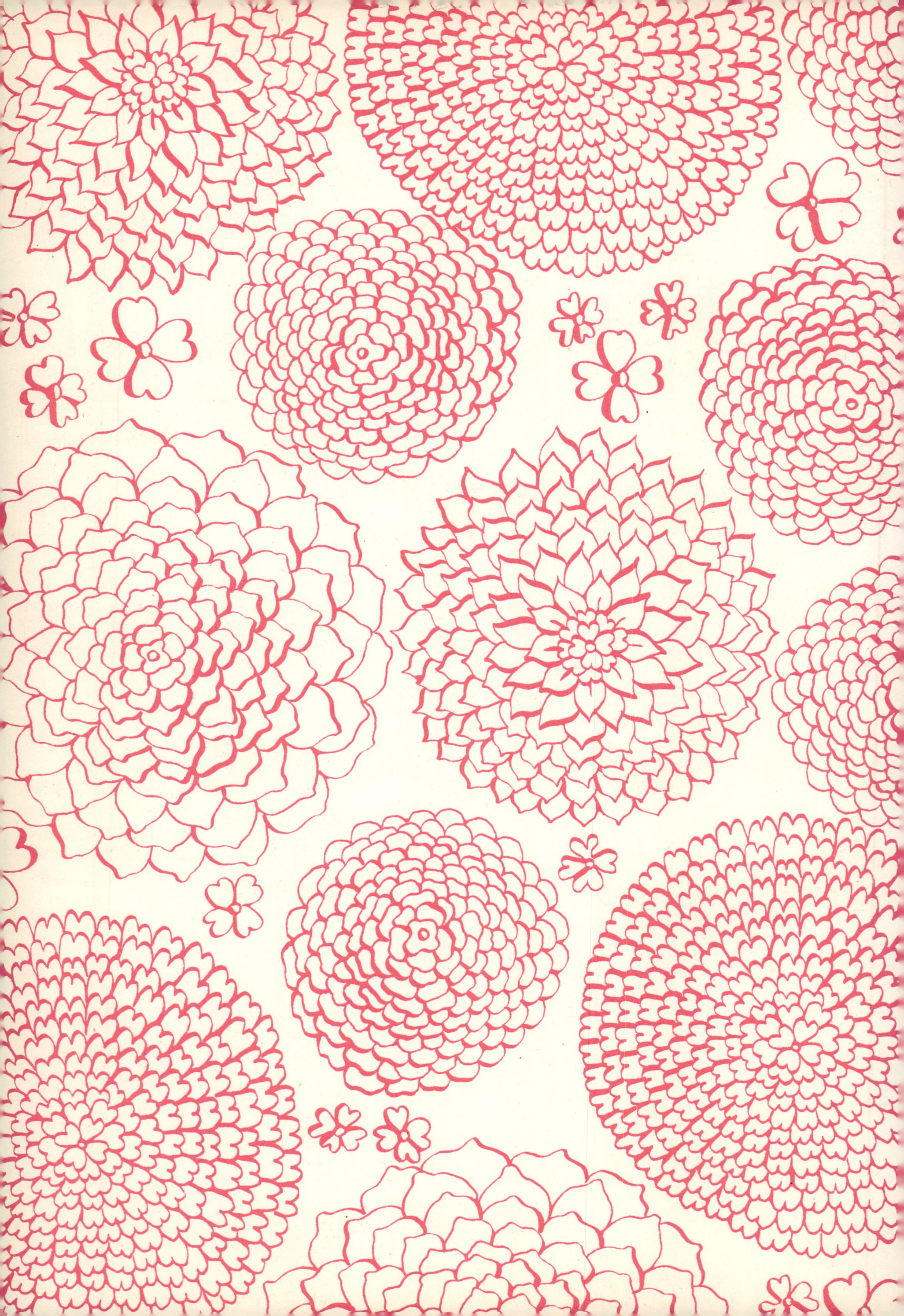

EIN KLEID AUS GUATEMALA

ERFINDE EIN MUSTER
FÜR DIESE CHULLOMÜTZE

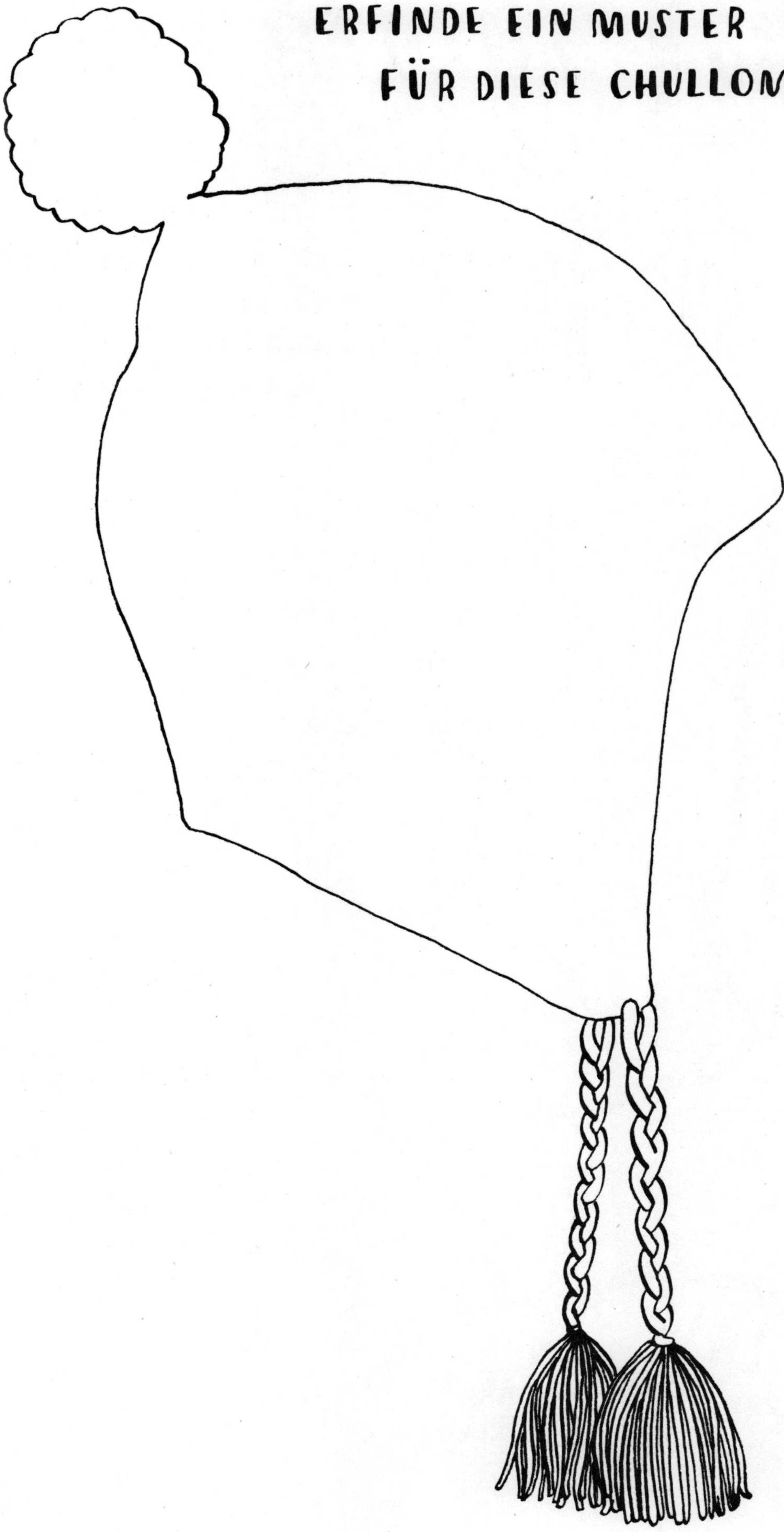

MODE-ARCHIV

JUDITH LEIBER

LÄSST SICH OFT
VON TIEREN UND VÖGELN
ZU IHREN
EXTRAVAGANTEN HANDTASCHEN
INSPIRIEREN

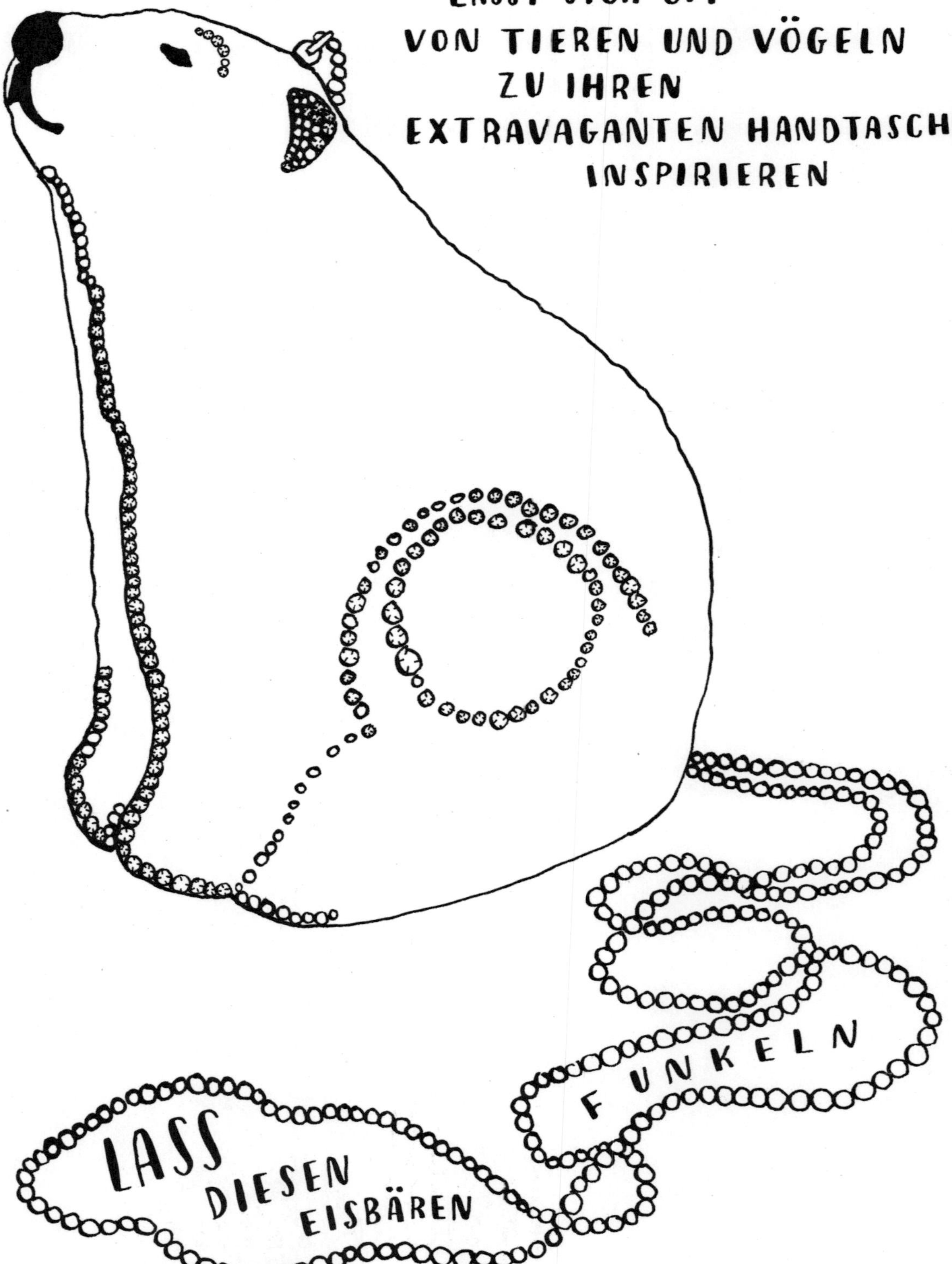

LASS DICH VON DEINEM
LIEBLINGSTIER ODER-VOGEL
INSPIRIEREN und
ENTWIRF SELBST
EINE HANDTASCHE

BENUTZE DIESE MANSCHETTENKNÖPFE, STICKER und ABZEICHEN, UM DIE JACKE AUF DER GEGENÜBERLIEGENDEN SEITE AUFZUHÜBSCHEN

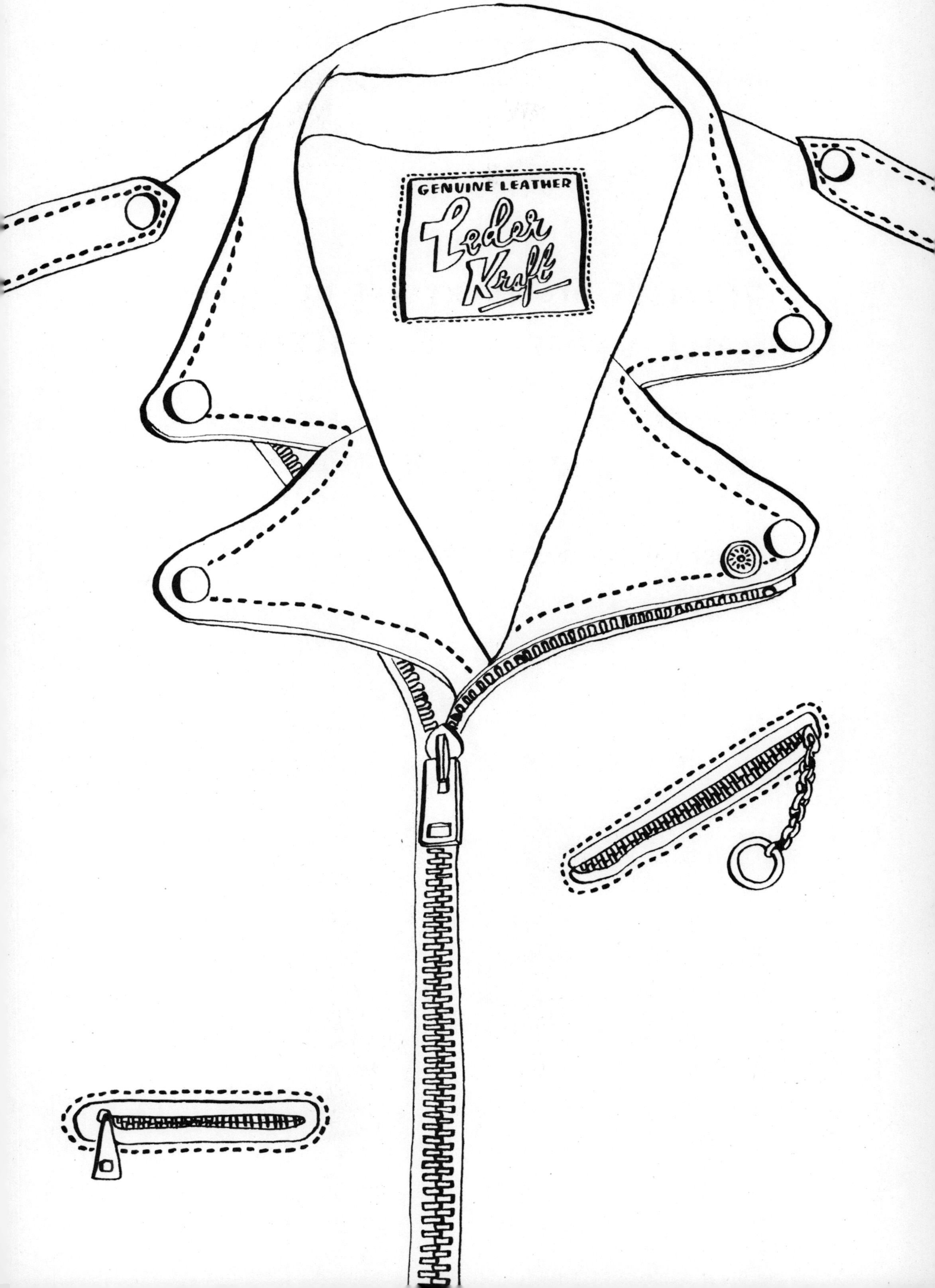
GENUINE LEATHER
Leder
Kraft

VERZIERE DIE RÜCKSEITE DER JACKE MIT KNÖPFEN und PAILLETTEN

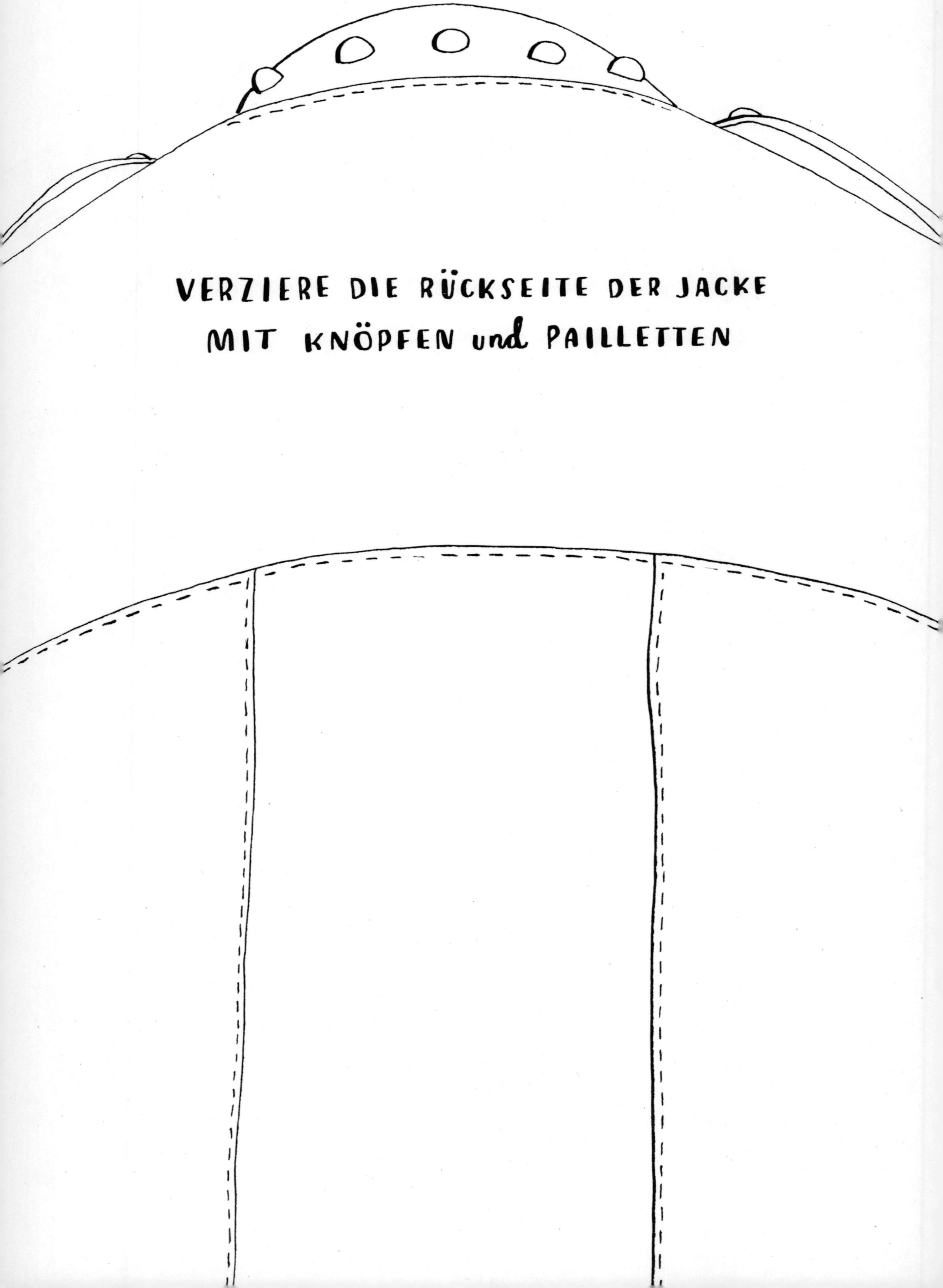

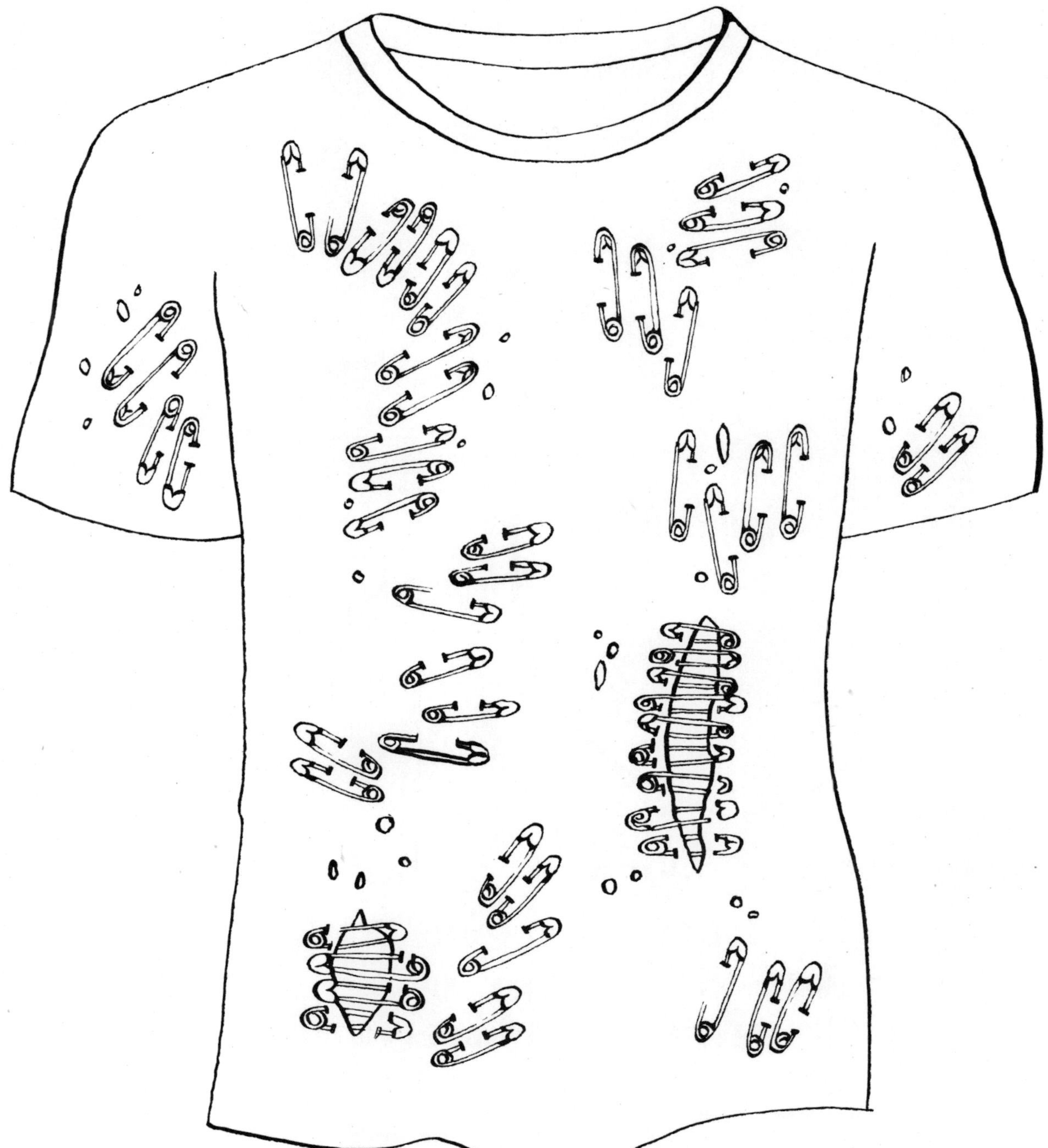

DU KANNST *einem* ALTEN T-SHIRT
NEUES LEBEN EINHAUCHEN,
INDEM DU ES
MIT SICHERHEITSNADELN VERZIERST

Schmücke

DIESE HOSENTASCHEN
MIT KUNTERBUNTEN
STICKEREIEN, NIETEN und
KNÖPFEN

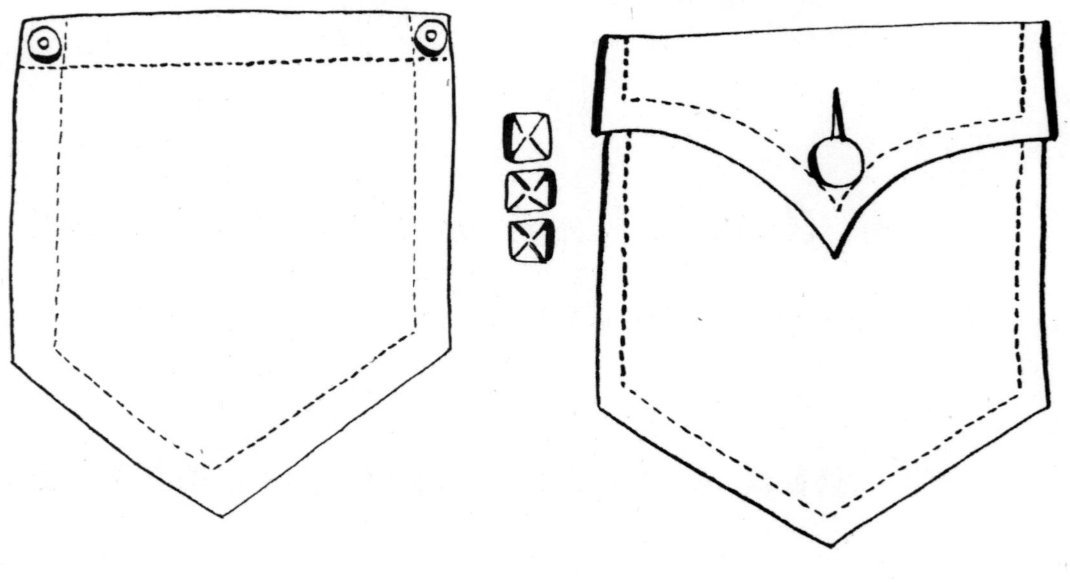

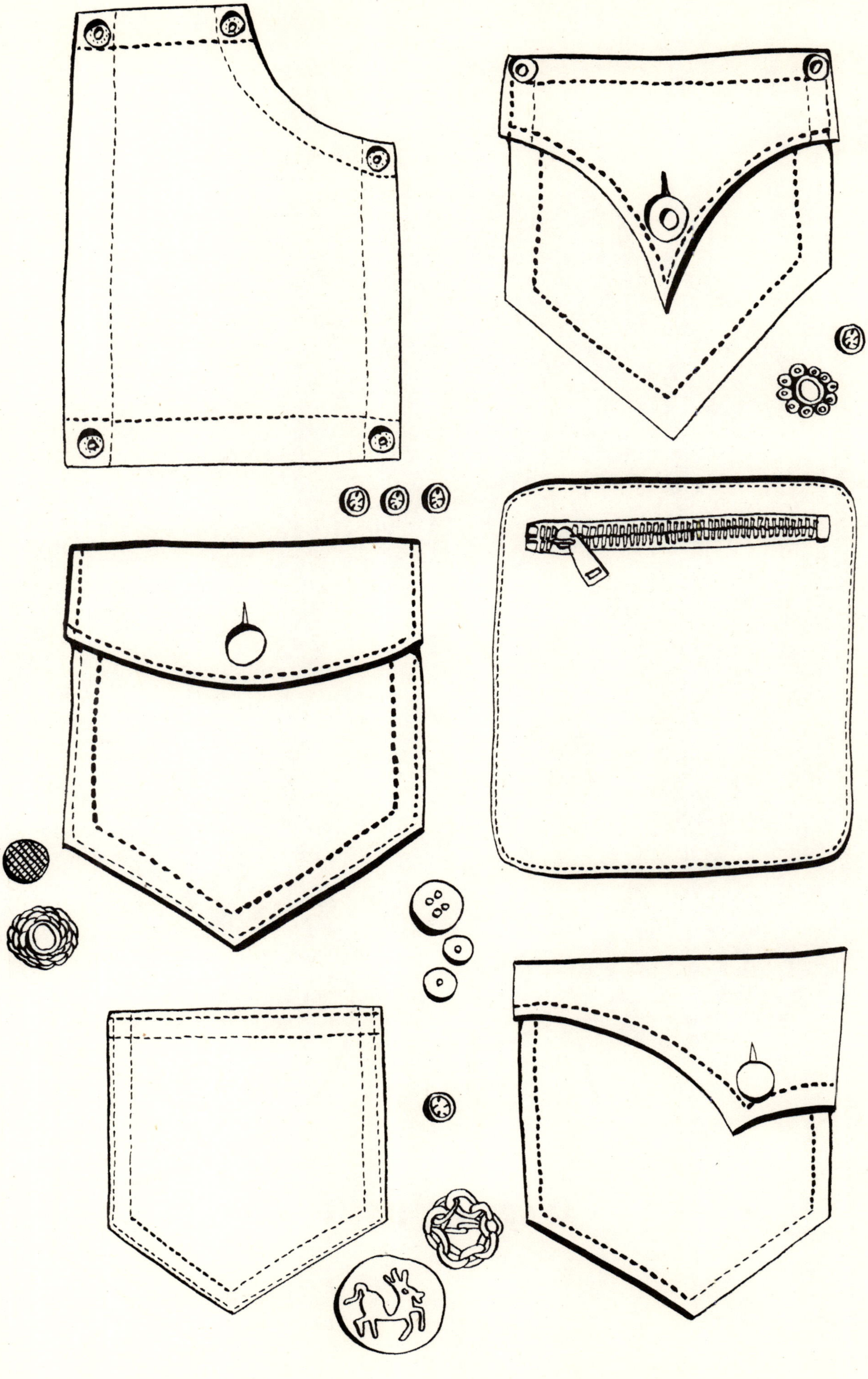

HAAR-
STAR
MARSHA HUNT

INUIT-MODE

DRAUSSEN IST es EISIG KALT,
ABER INNEN MOLLIG WARM

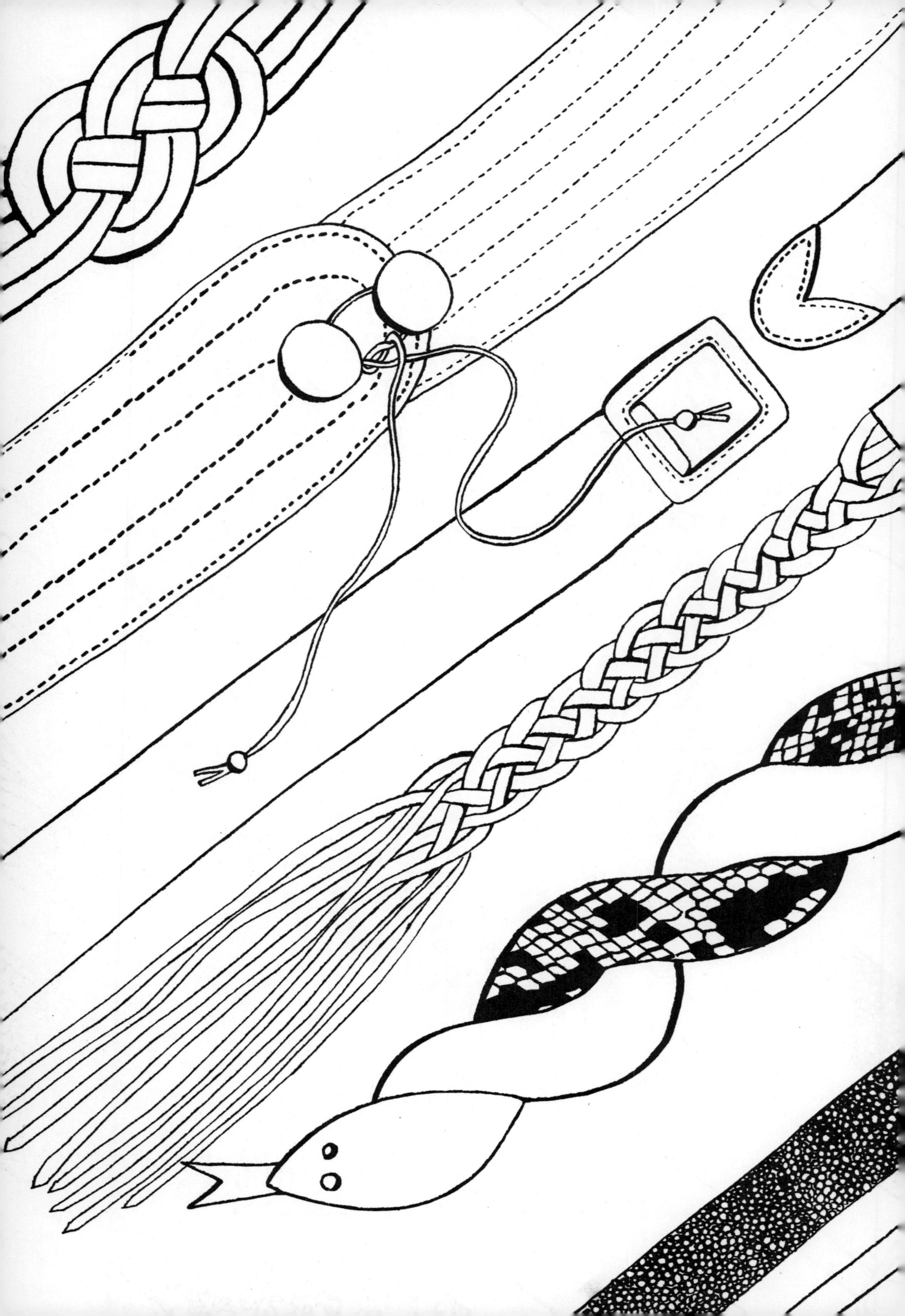

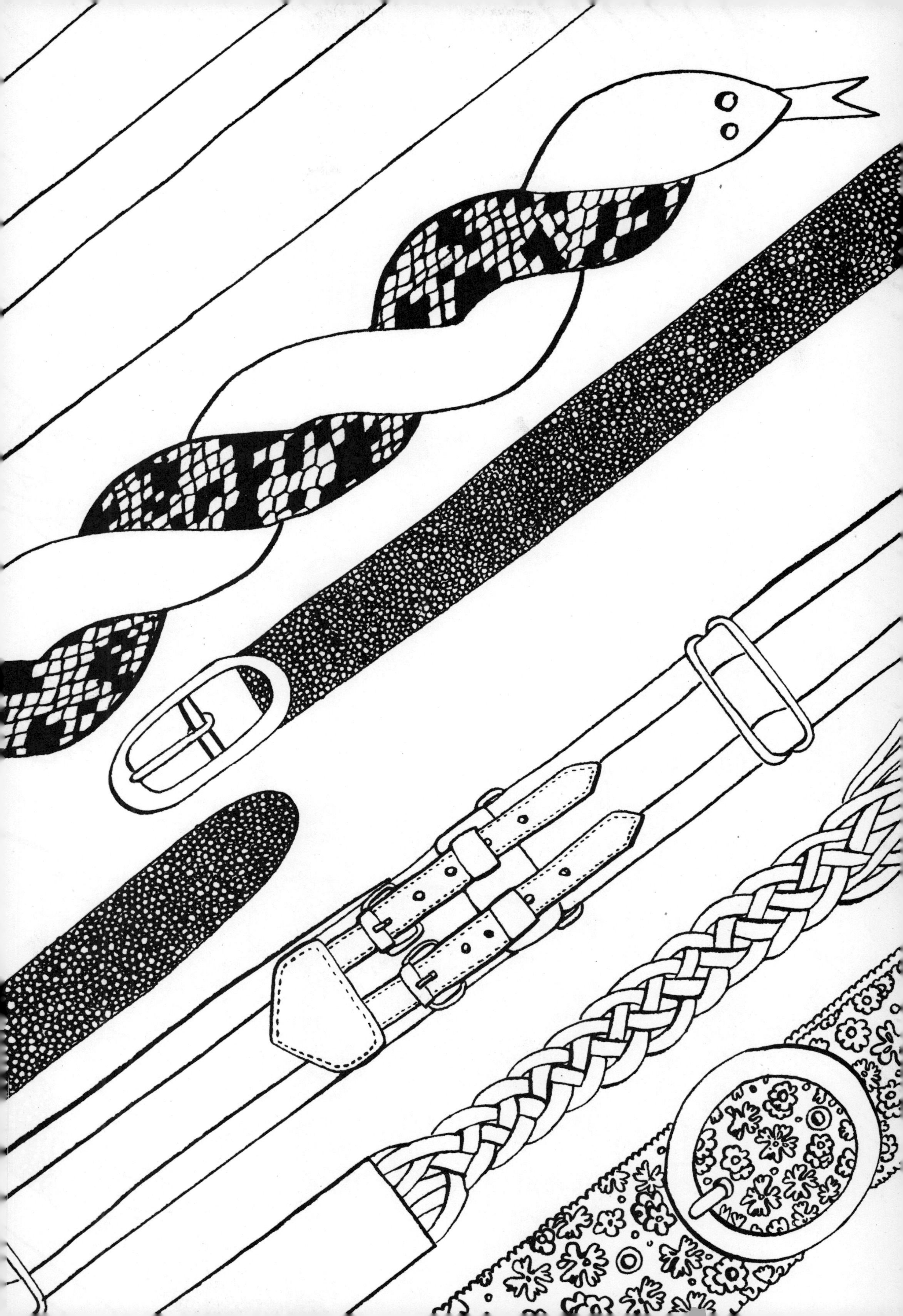

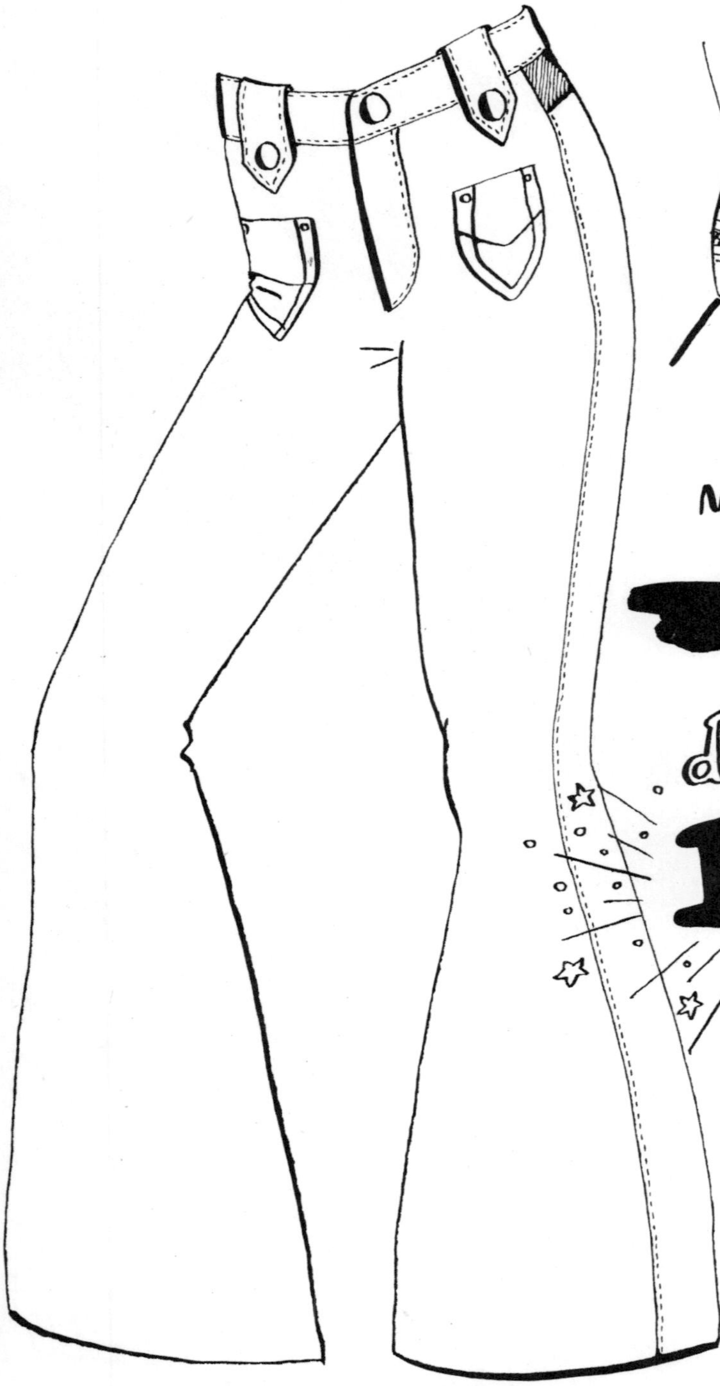

SCHLAGHOSEN

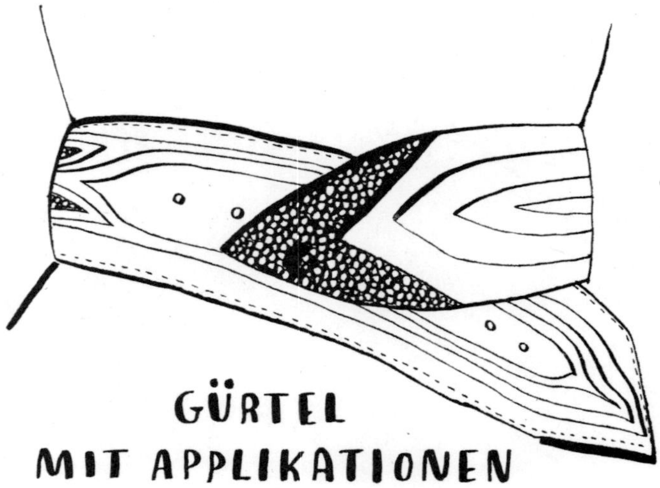

GÜRTEL
MIT APPLIKATIONEN

MODE-RÜCKBLICK

die 1970er

FARBEN:
ORANGE
+
BRAUN

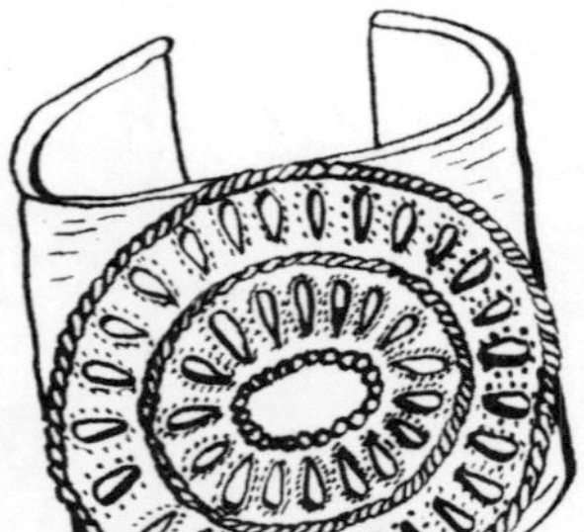

AUFFALLENDER INDIANISCHER SCHMUCK

HÄKELARBEITEN

STOFFE MIT MUSTERN

GLAM MAKE-UP

GROSSE SONNENBRILLEN

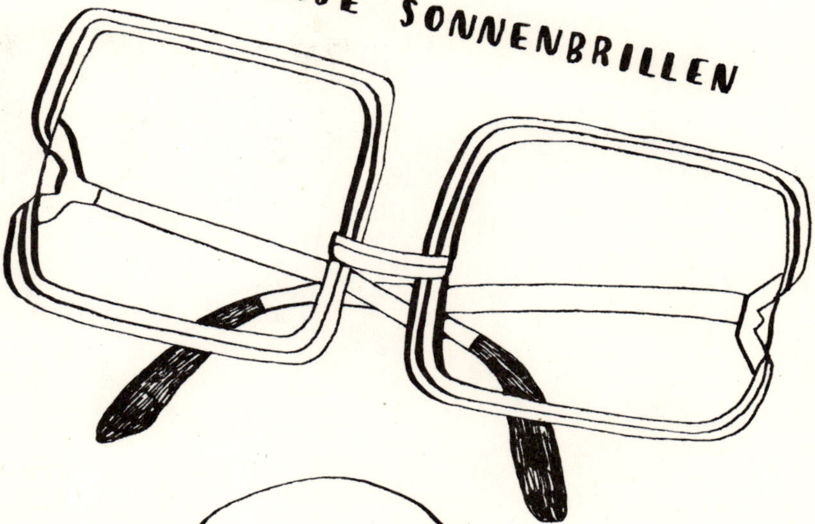

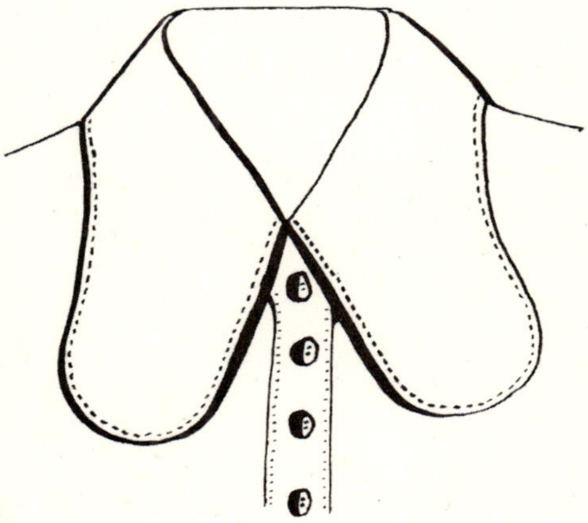

RUNDE KRAGEN

SCHLAPPHÜTE

ROLLKRAGEN

PLATEAUSCHUHE

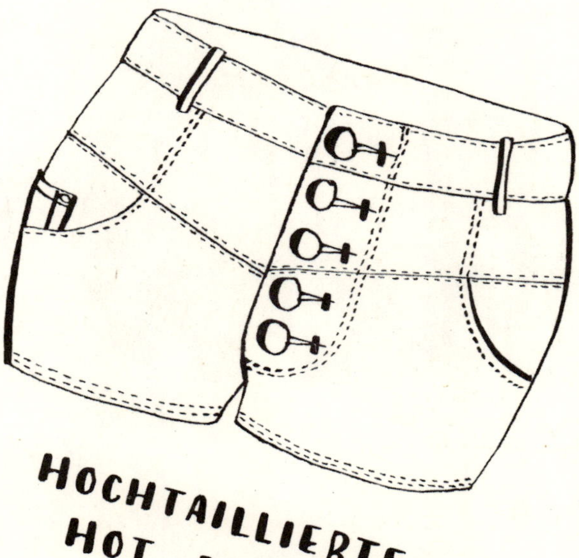

HOCHTAILLIERTE
HOT PANTS

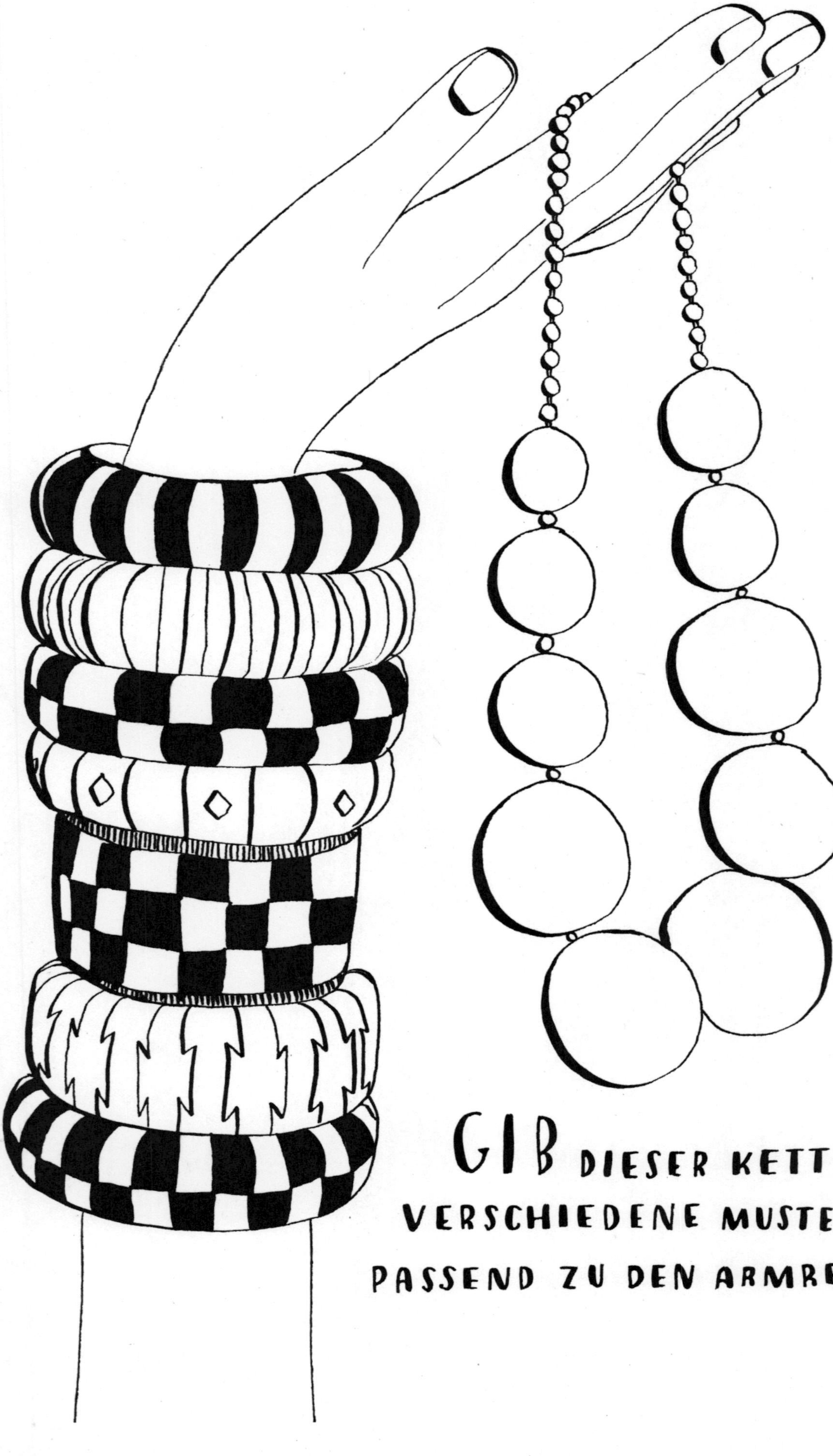

GIB DIESER KETTE VERSCHIEDENE MUSTER, PASSEND ZU DEN ARMREIFEN

ZEICHNE OHRRINGE,
DIE SOWOHL
ZU DEN ARMREIFEN ALS AUCH ZU DER KETTE PASSEN

DIESE ELEGANTEN HANDBEWEGUNGEN HEISSEN MUDRAS und STAMMEN AUS KLASSISCHEN INDISCHEN TÄNZEN

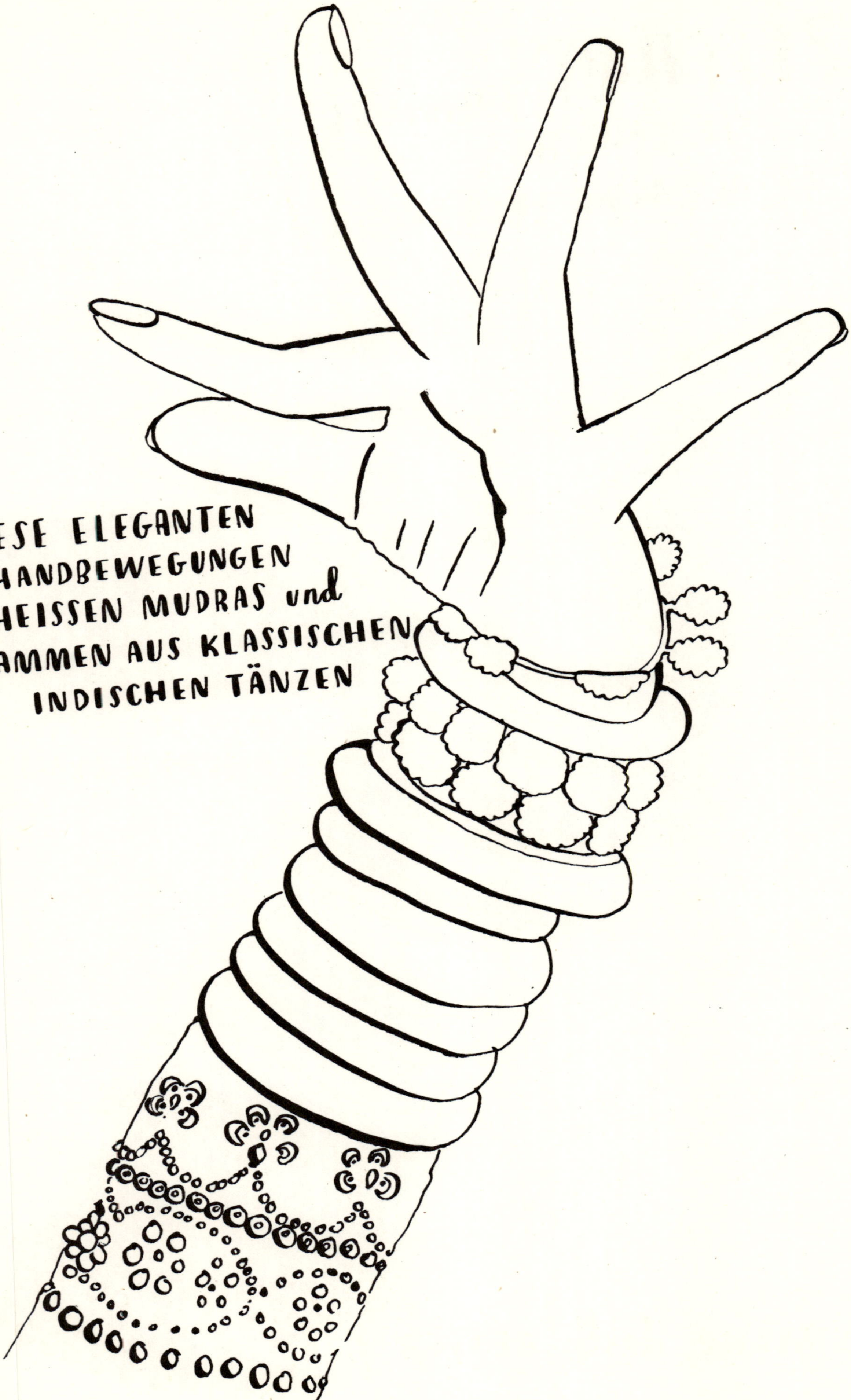

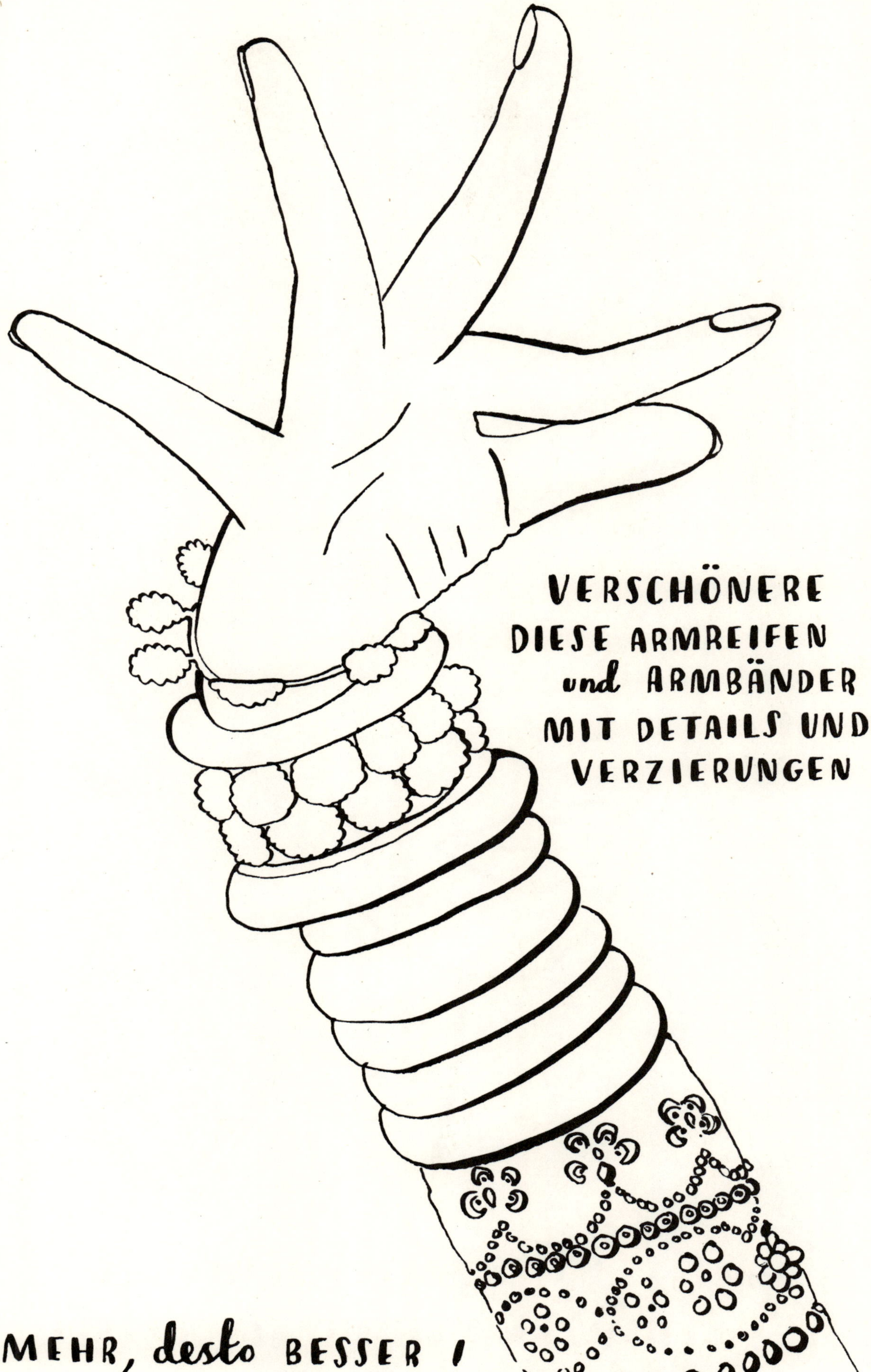

VERSCHÖNERE
DIESE ARMREIFEN
und ARMBÄNDER
MIT DETAILS UND
VERZIERUNGEN

Je MEHR, desto BESSER!

MACH ES WIE DIE ALTEN RÖMER und
SCHMÜCKE DICH MIT EINER KRONE
AUS BLÄTTERN

ZEICHNE

EINE KETTE, DIE AUS STERNEN BESTEHT

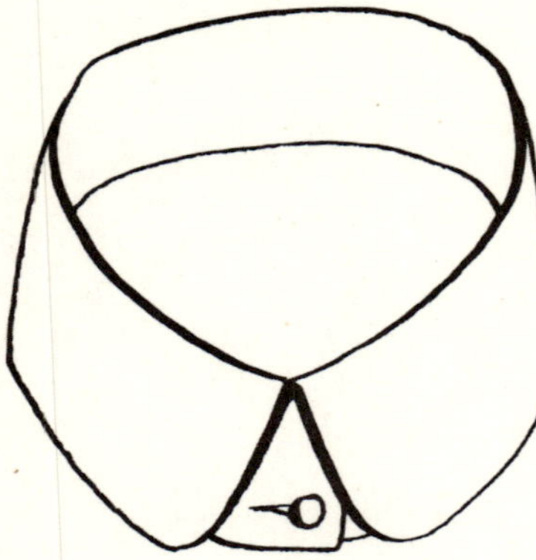

ETON

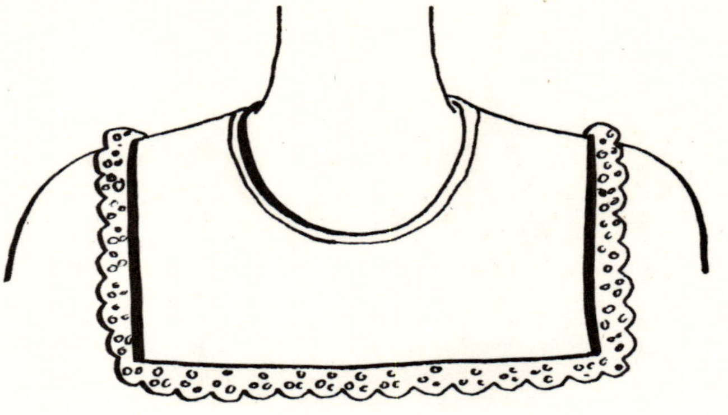

BIB

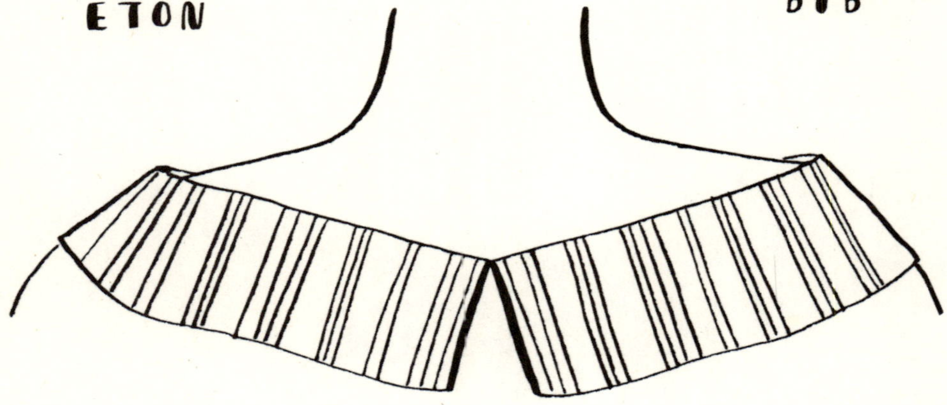

U-BOOT

KRAGEN! KRAGEN!

MALE SIE AUS UND FÜGE MUSTER HINZU

JABOT

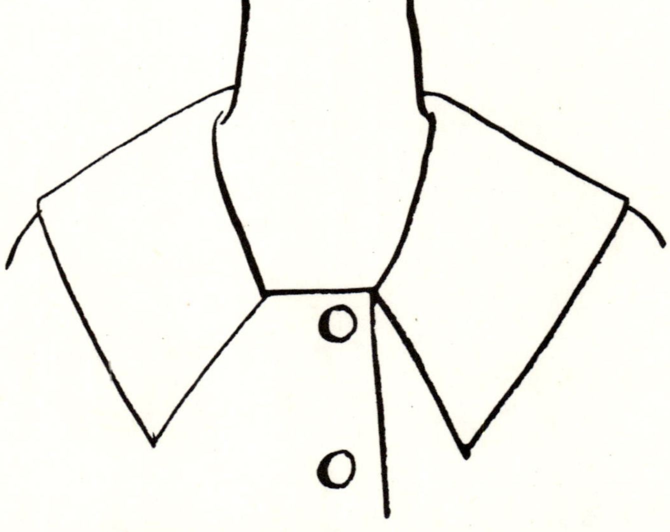

ABNEHMBARER KRAGEN

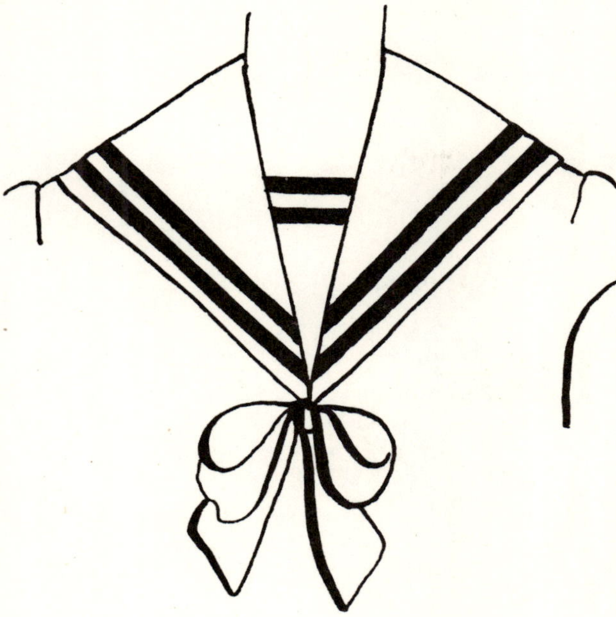

MATROSEN

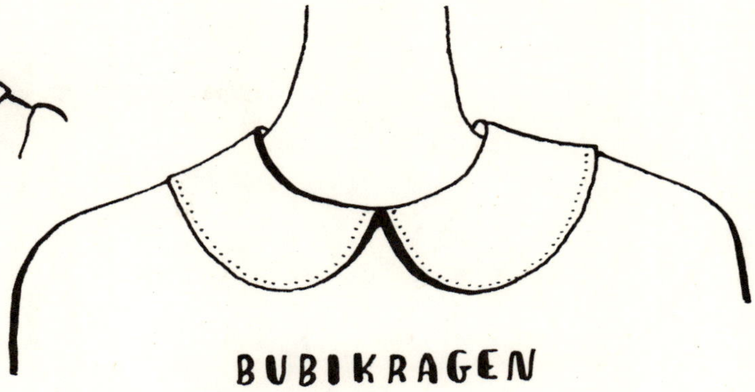

BUBIKRAGEN

STEHKRAGEN MIT RÜSCHEN

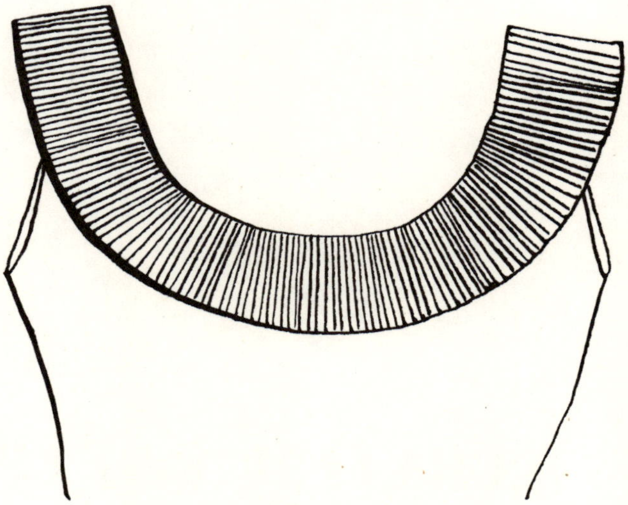

HUFEISEN

... und NOCH MEHR KRAGEN !

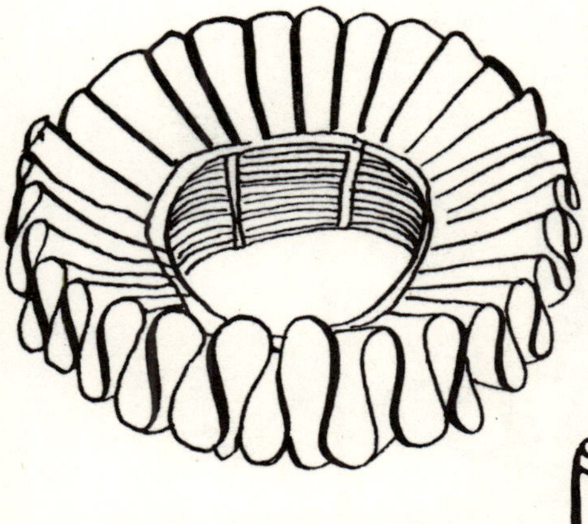

HALSKRAUSE

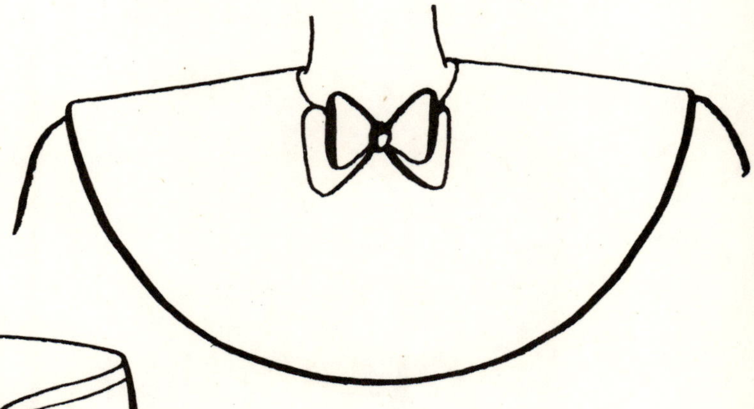

BERTHE

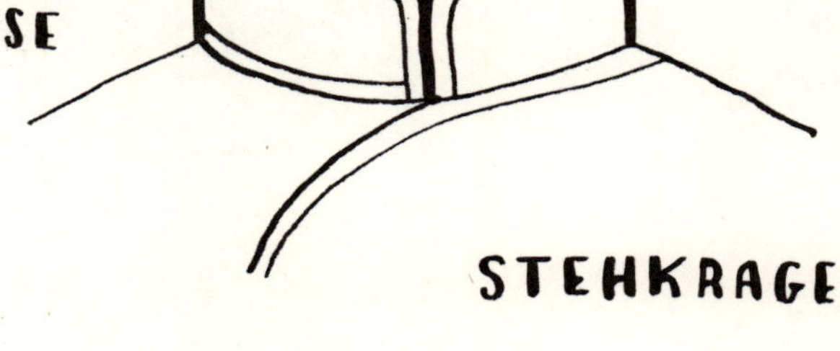

STEHKRAGEN

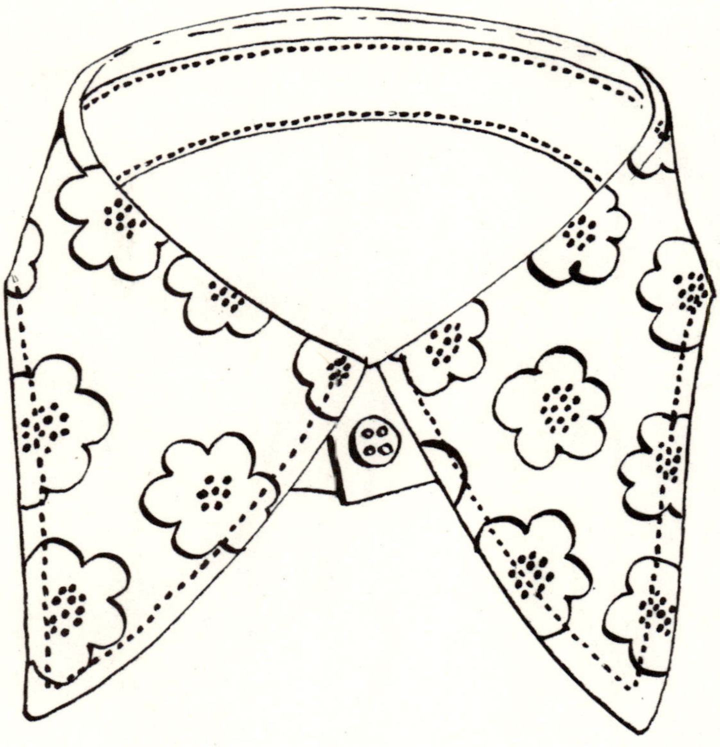

SCHNEIDE VON EINEM ALTEN HEMD
KRAGEN und MANSCHETTEN AB
UND MACH DARAUS
EIN MODISCHES ACCESSOIRE

ZEICHNE EINEN MANTEL,
DER ZU DIESEM KRAGEN PASST

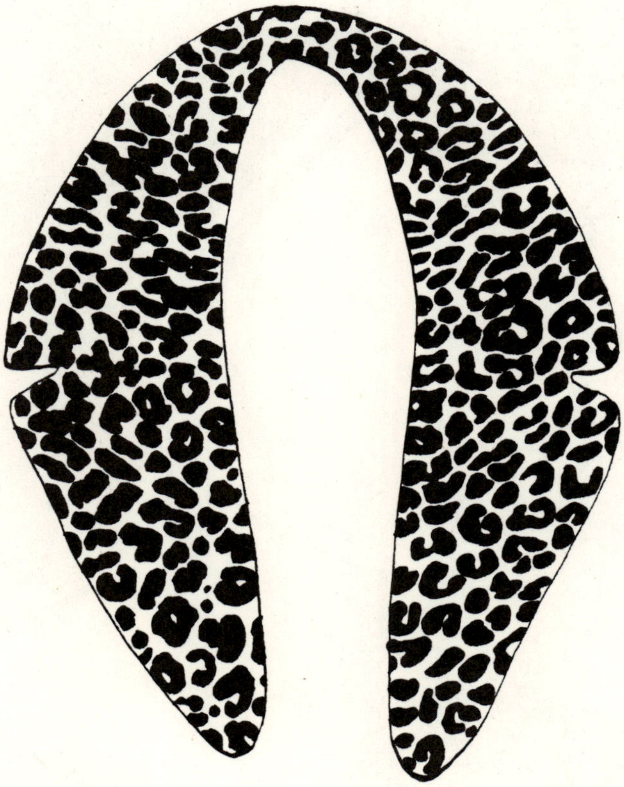

MACH AUS EINEM ALTEN
SPITZENKRAGEN EIN HALSBAND

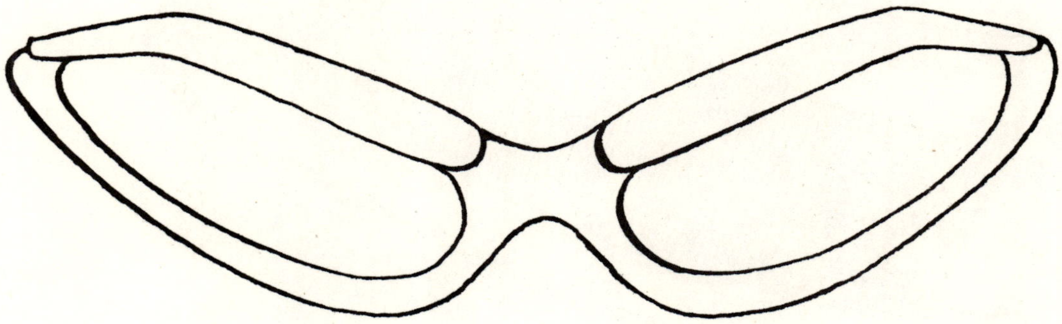

ZEICHNE DAS GESICHT HINTER
DIESER SONNENBRILLE

VON DEN VENEZIANISCHEN GONDOLIERI INSPIRIERT, WURDE DIESER HUT, AUCH KREISSÄGE GENANNT, UM 1880 ENTWORFEN

MODE-ARCHIV

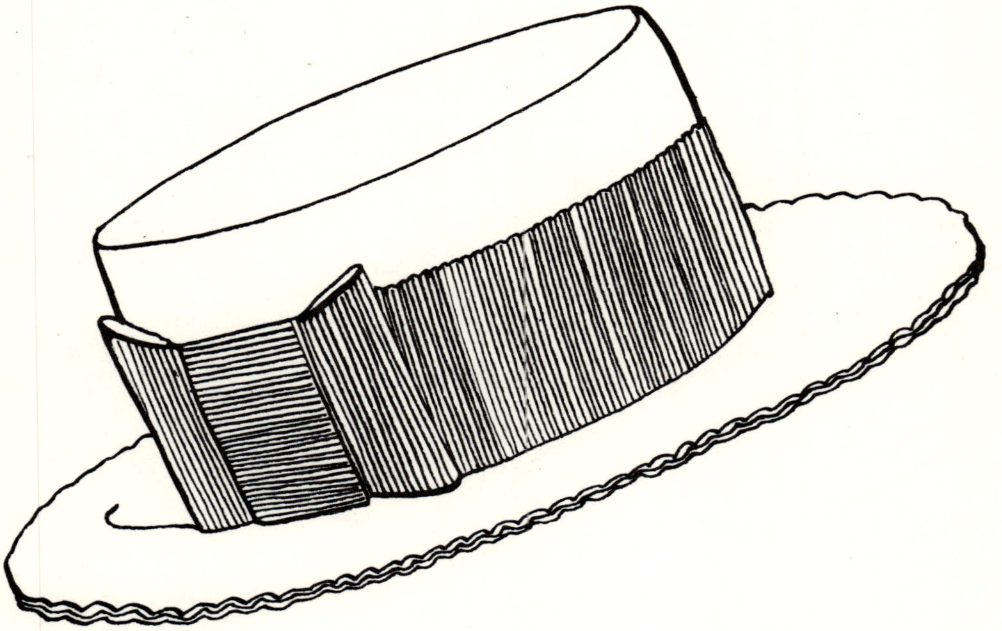

ZEICHNE EIN COOLES MÄDCHEN FÜR DIESEN COOLEN HUT

ZEICHNE EINEN MANTEL, DER ZU DIESEM KRAGEN PASST

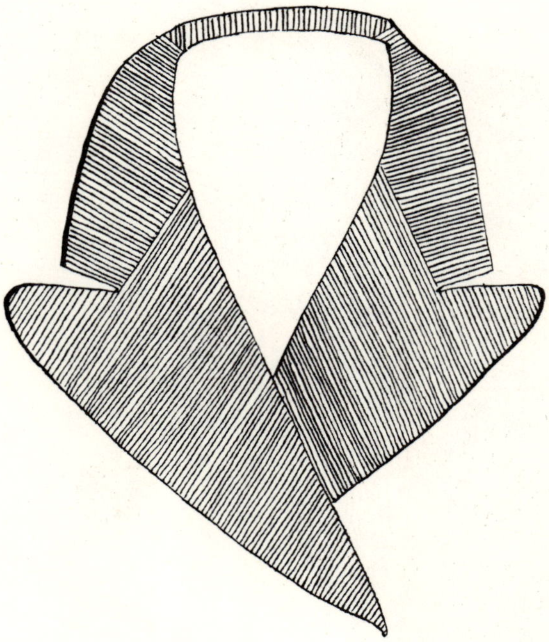

DIE MACHT SEI
MIT DIR

PRINZESSIN LEIA AMIDALA SKYWALKER

ZEICHNE EINEN HUT, DER
VON PRINZESSIN LEIAS FRISUR INSPIRIERT IST

T-SHIRTS MIT SPRÜCHEN
CHOOSE LIFE
PLASTIKSCHMUCK
ABGESCHNITTENE TOPS
RIESIGE SCHLEIFEN
MODE-RÜCKBLICK
die 1980er
FARBEN:
NEON-PINK
NEON-GELB
NEON-GRÜN
SCHWARZ
NETZHANDSCHUHE
PUMPS
GEOMETRISCHE SONNENBRILLEN

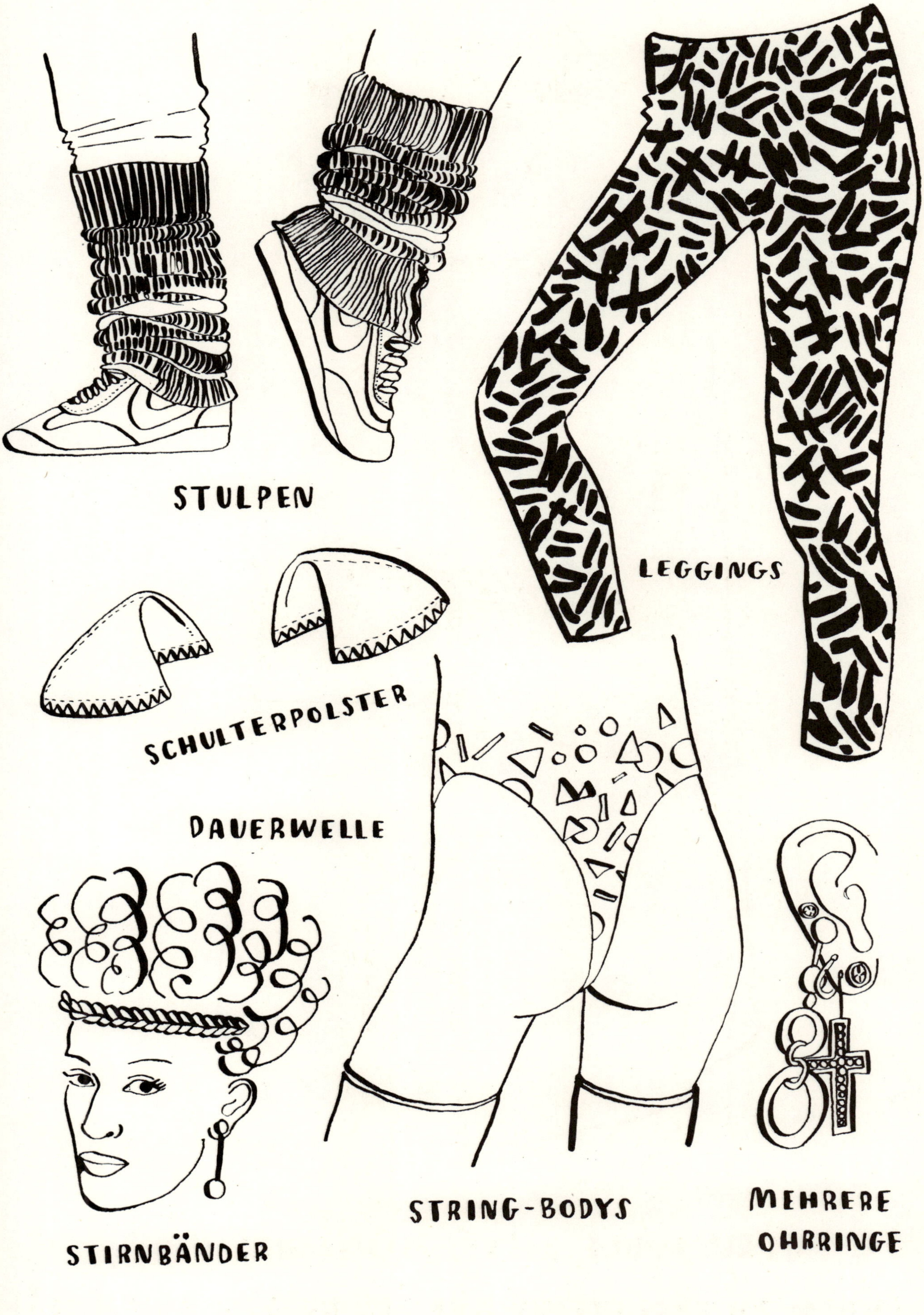
STULPEN
LEGGINGS
SCHULTERPOLSTER
DAUERWELLE
STIRNBÄNDER
STRING-BODYS
MEHRERE OHRRINGE

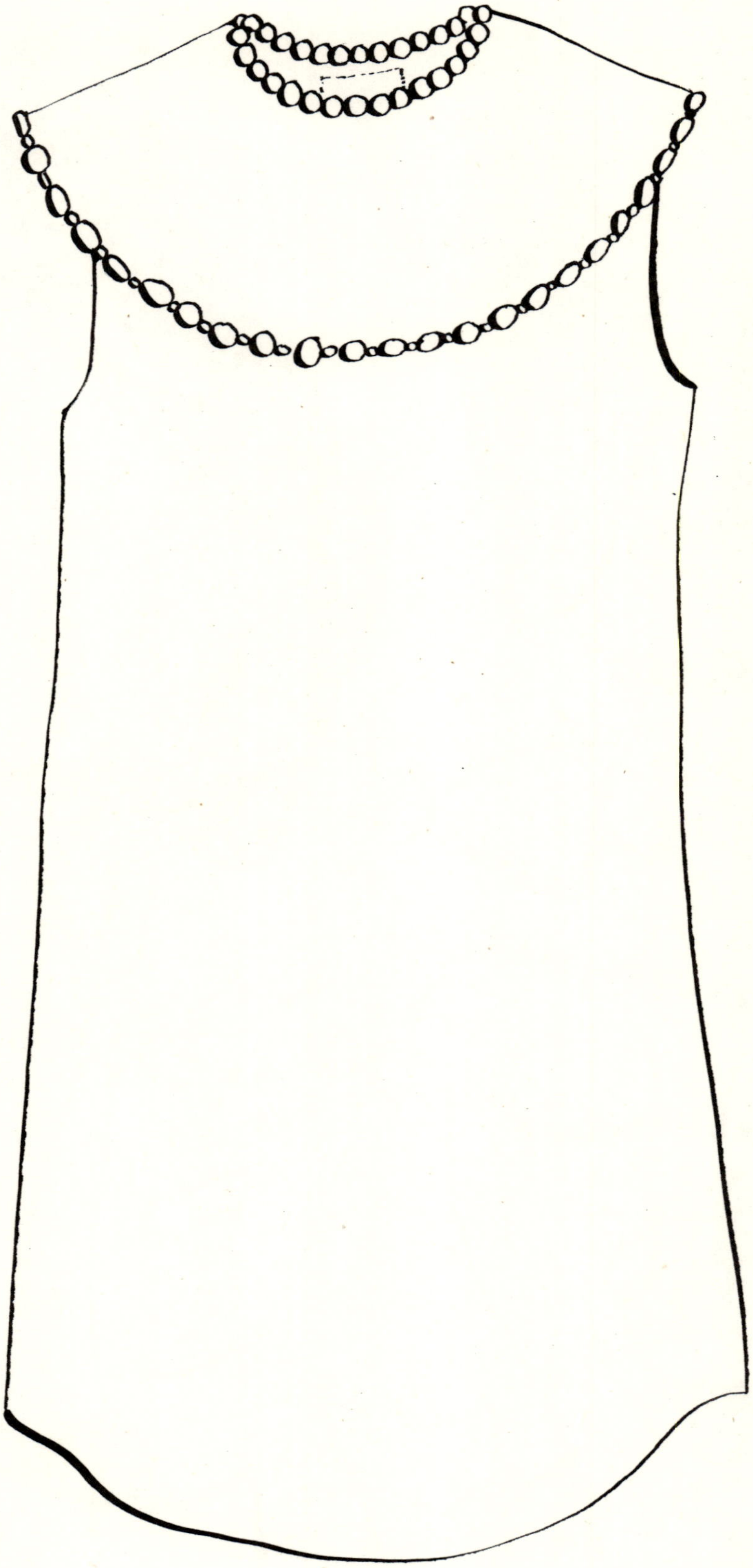

VERWANDLE DIESES SCHLICHTE KLEID,
INDEM DU EDELSTEINE AUF DEN KRAGEN ZEICHNEST

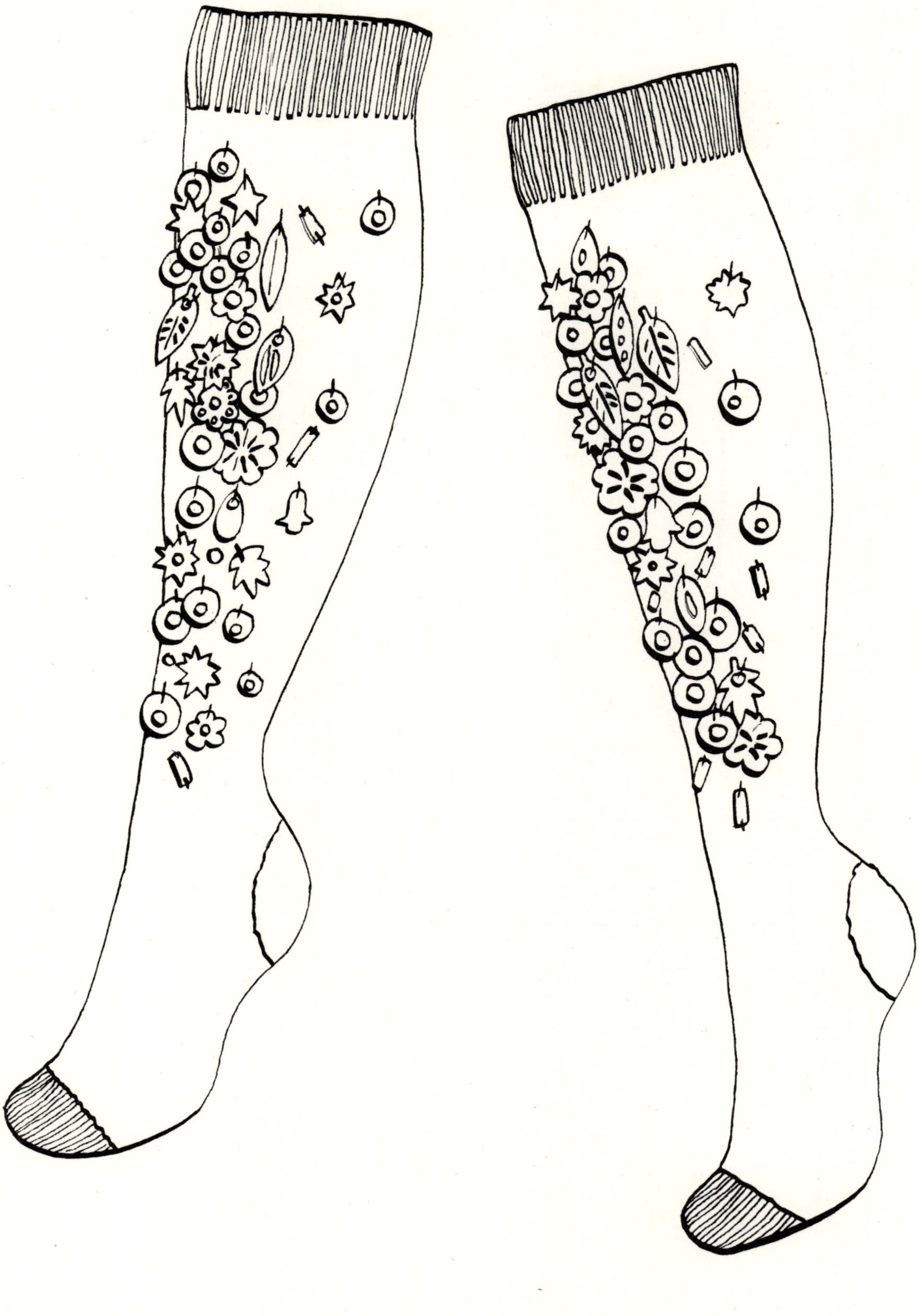

LASS DEINE KNIESTRÜMPFE FUNKELN,
INDEM DU FLITTERKRAM, PAILLETTEN
und PERLEN AUFNÄHST

der GRIECHISCHE PEPLOS

420 v. Chr.

MARIANO
FORTUNY
VENEDIG

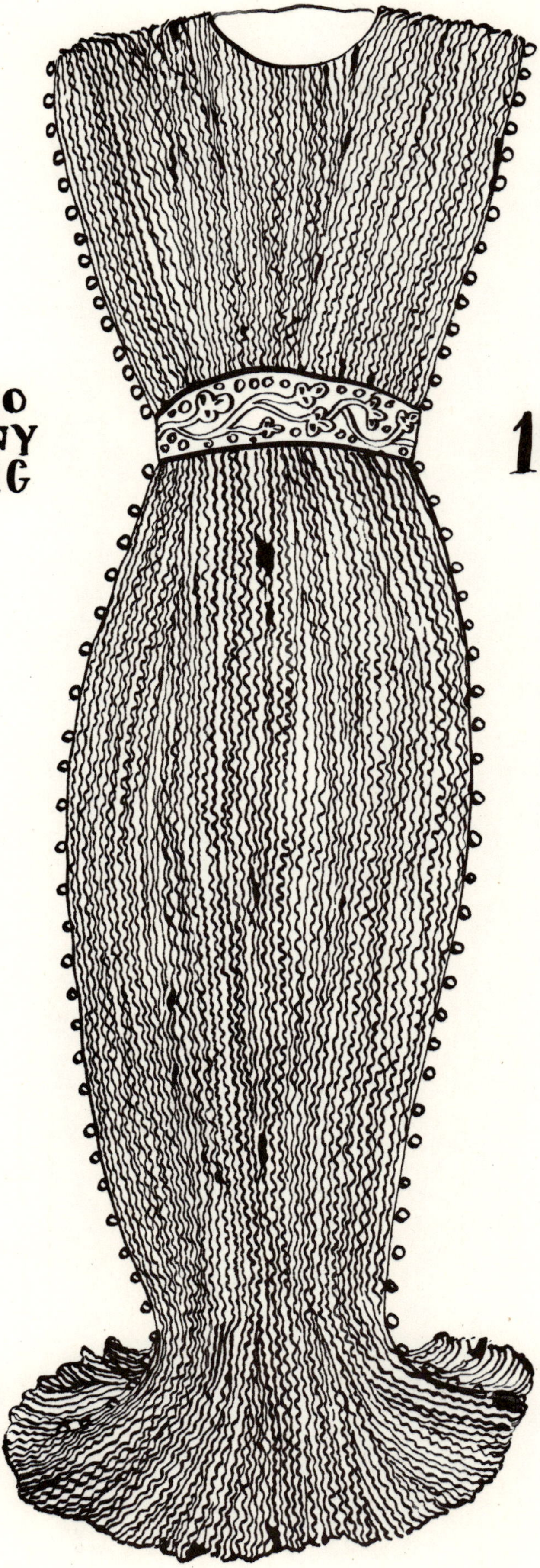

1920

MIT DIESEM T-SHIRT
KANNST DU MACHEN,
WAS DU WILLST

ZEICHNE EINE RIESIGE BLUME
AUF DIESES T-SHIRT

FÜLLE
DIESE AUFNÄHER MIT
MUSIK, DIE DU GERNE MAGST,
MENSCHEN, DIE DU LIEBST,
MUSTERN
und ALLEM,
WAS DIR SONST NOCH
SO EINFÄLLT!

VERZIERE

DIESE BRILLENGESTELLE
MIT PAILLETTEN, EDELSTEINEN
und DEINEN EIGENEN MUSTERN

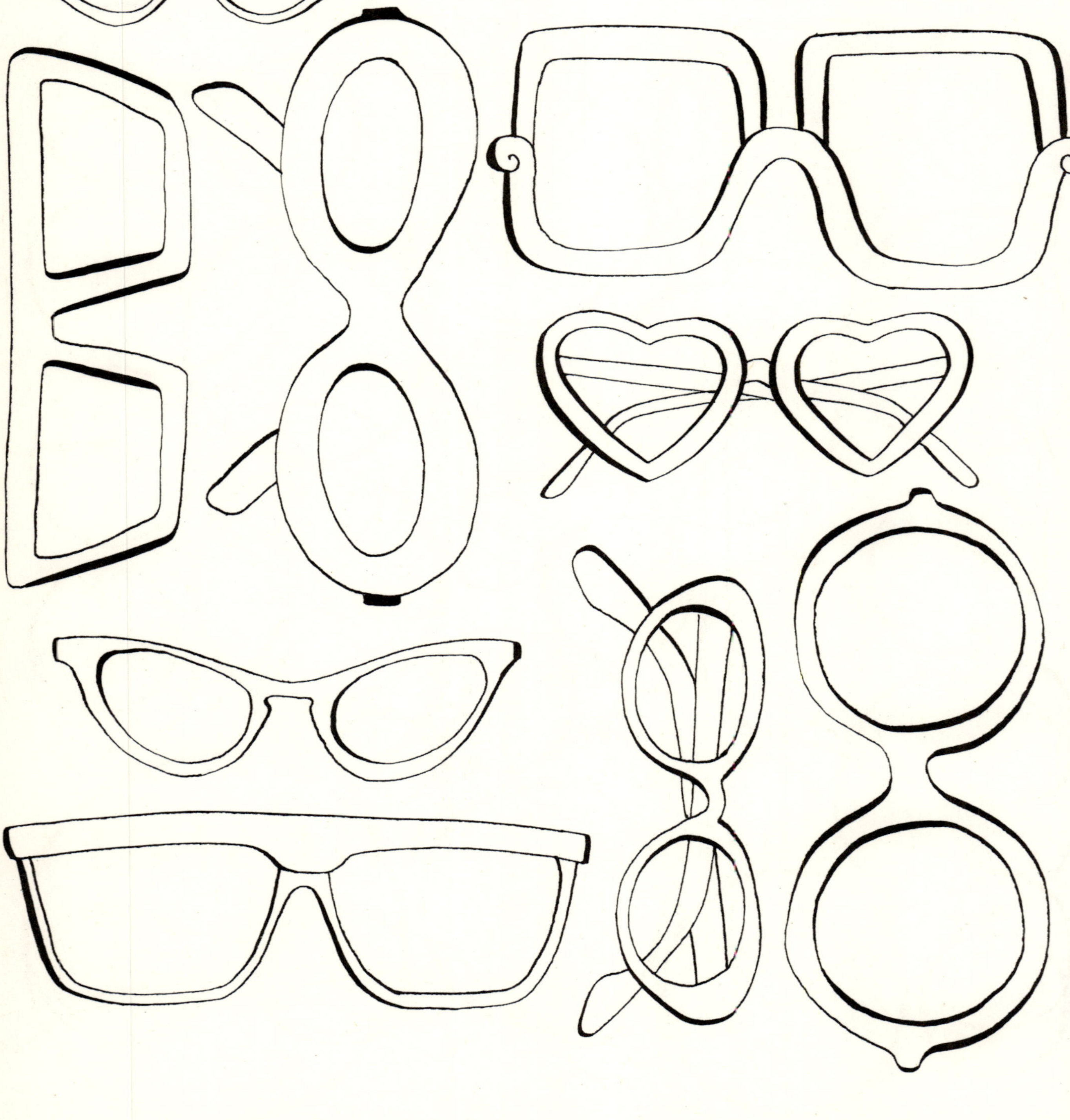

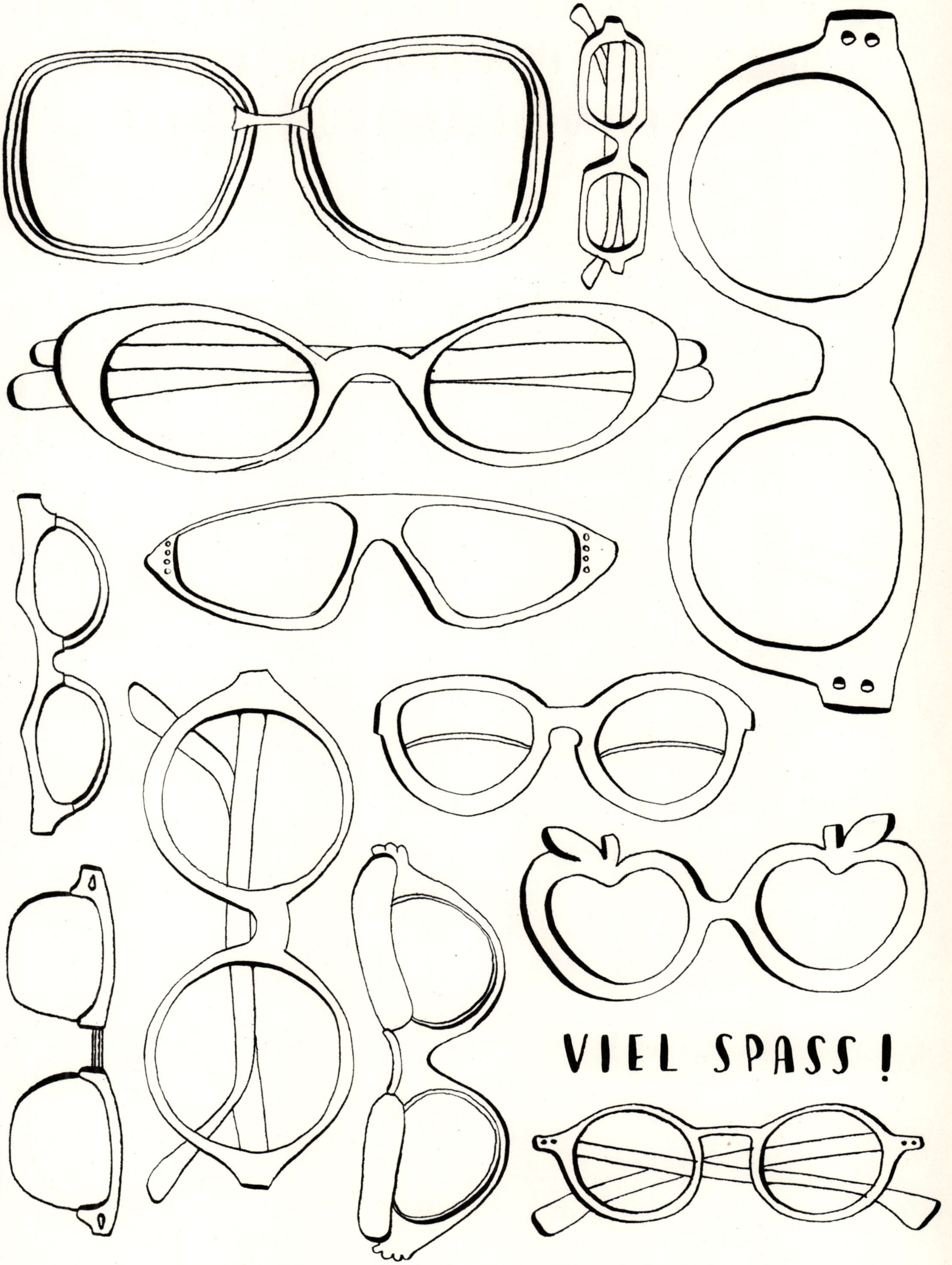
VIEL SPASS!

ZEICHNE EIN GESICHT AUF DIESE SEITE
und STYLE ES MIT DEN ACCESSOIRES
DER GEGENÜBERLIEGENDEN SEITE

DENK DIR

VERSCHIEDENE
MUSTER
FÜR DIE
HANDSCHUHE AUS

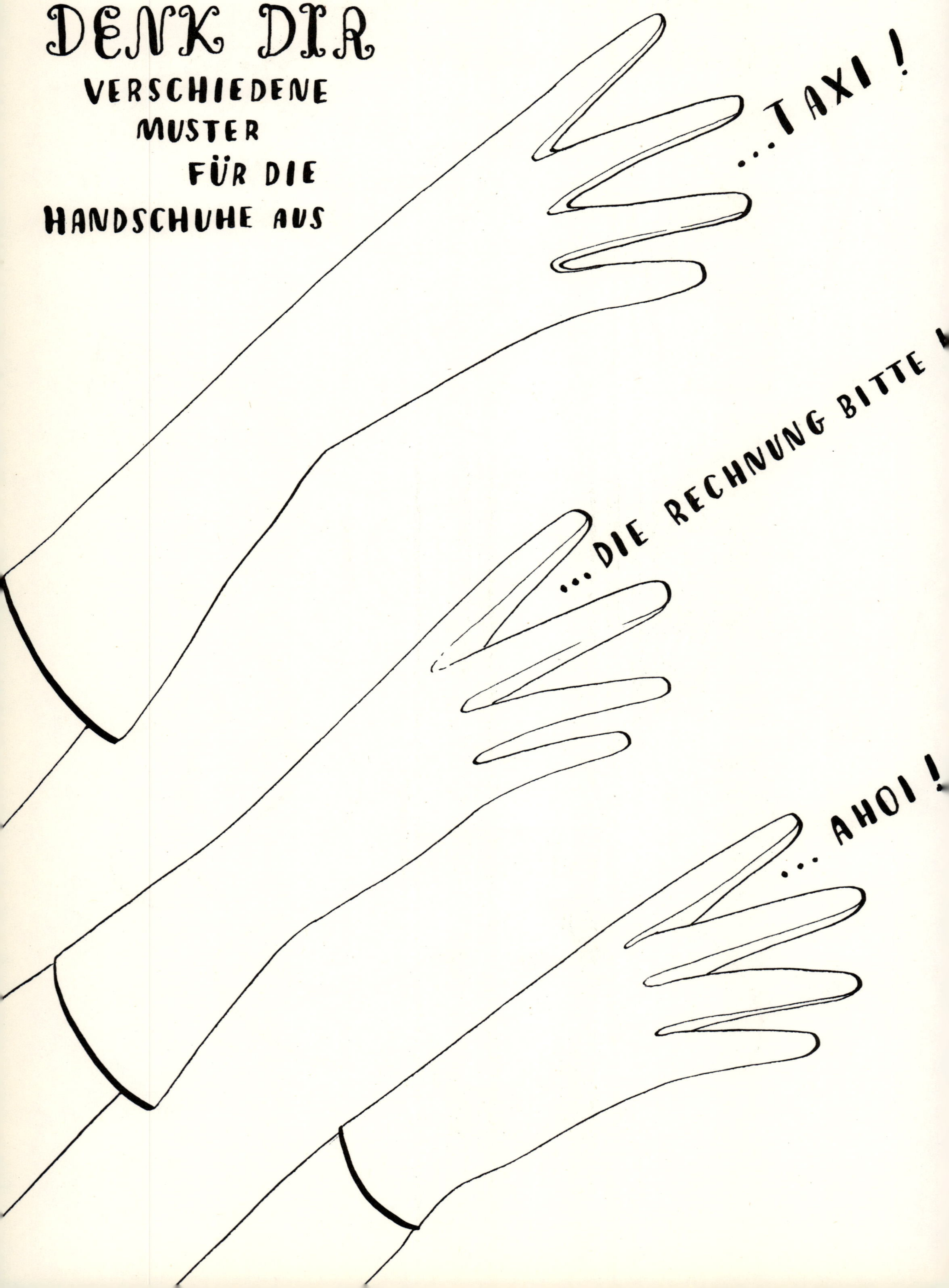

ZEICHNE EINE TASCHE,

DIE ZU DIESEM HÖLZERNEN GRIFF PASST

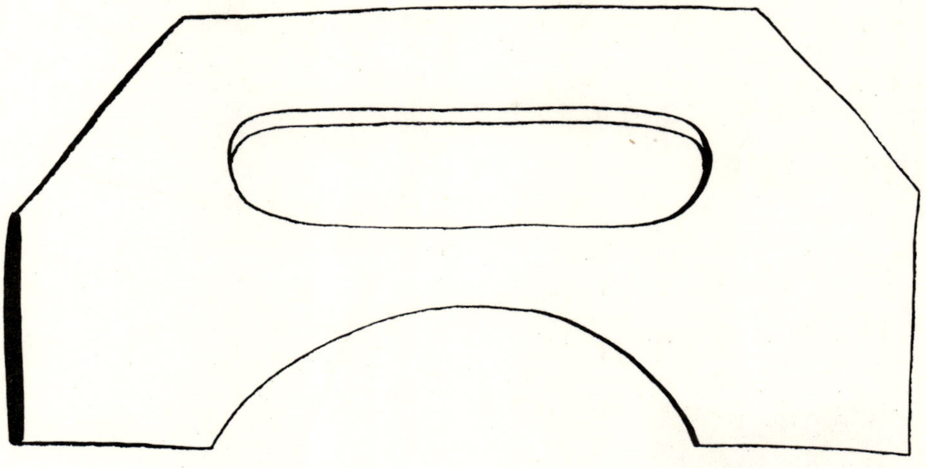

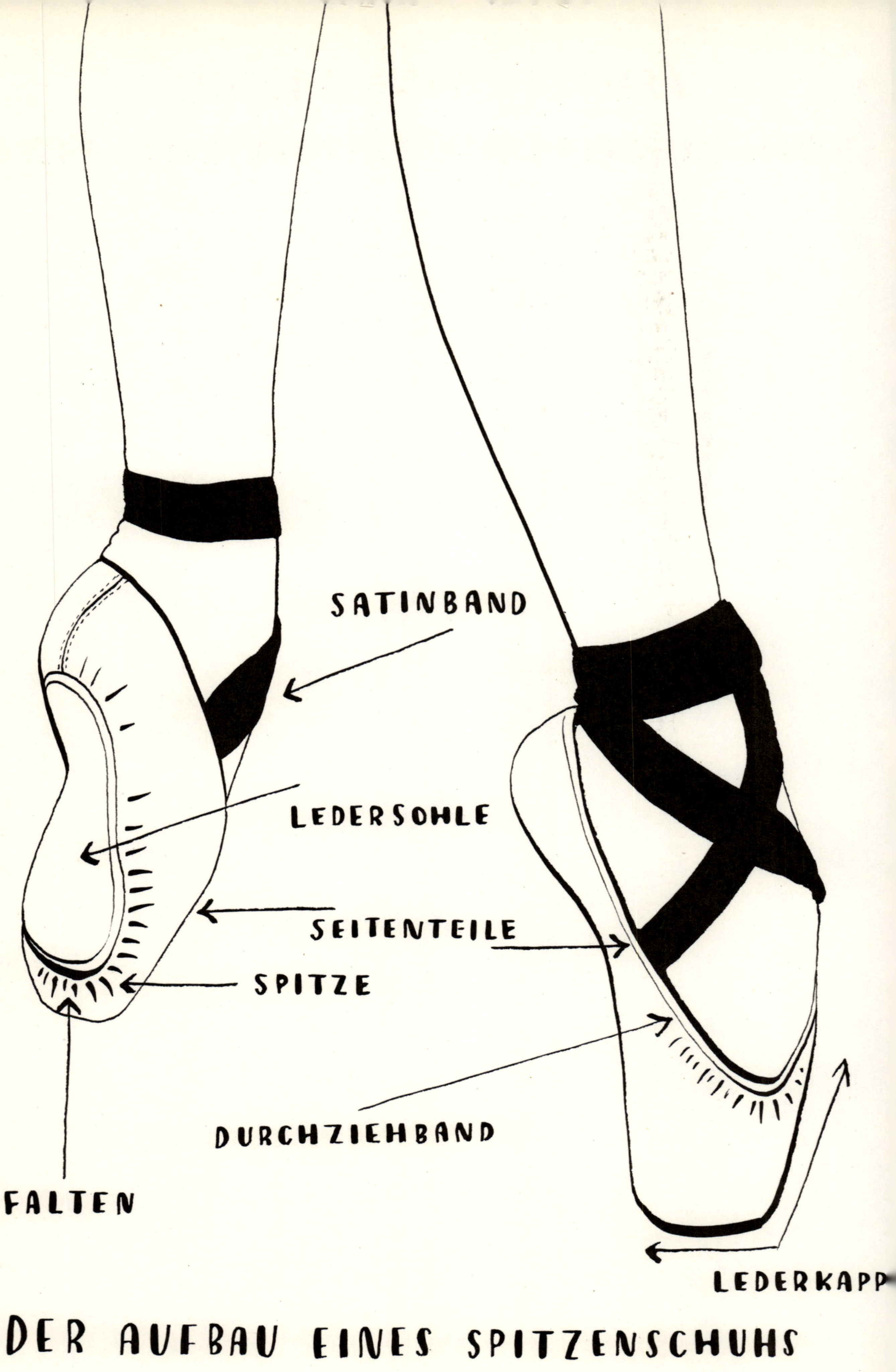

DER AUFBAU EINES SPITZENSCHUHS

ZEICHNE SCHUHE, MIT DENEN DU FLIEGEN KANNST

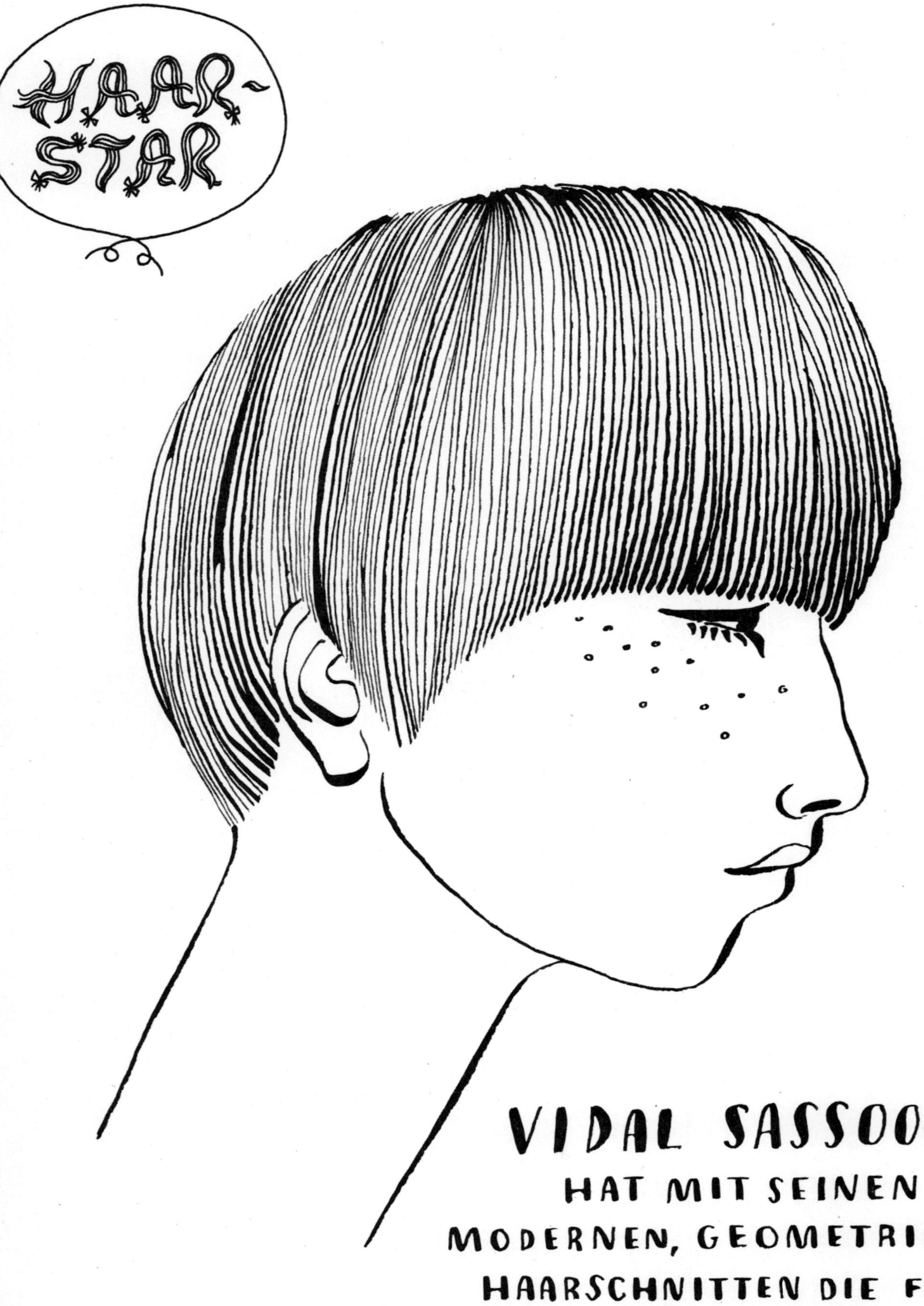

VIDAL SASSOON
HAT MIT SEINEN
MODERNEN, GEOMETRISCHEN
HAARSCHNITTEN DIE FRAUEN
VOM HAARSPRAY BEFREIT

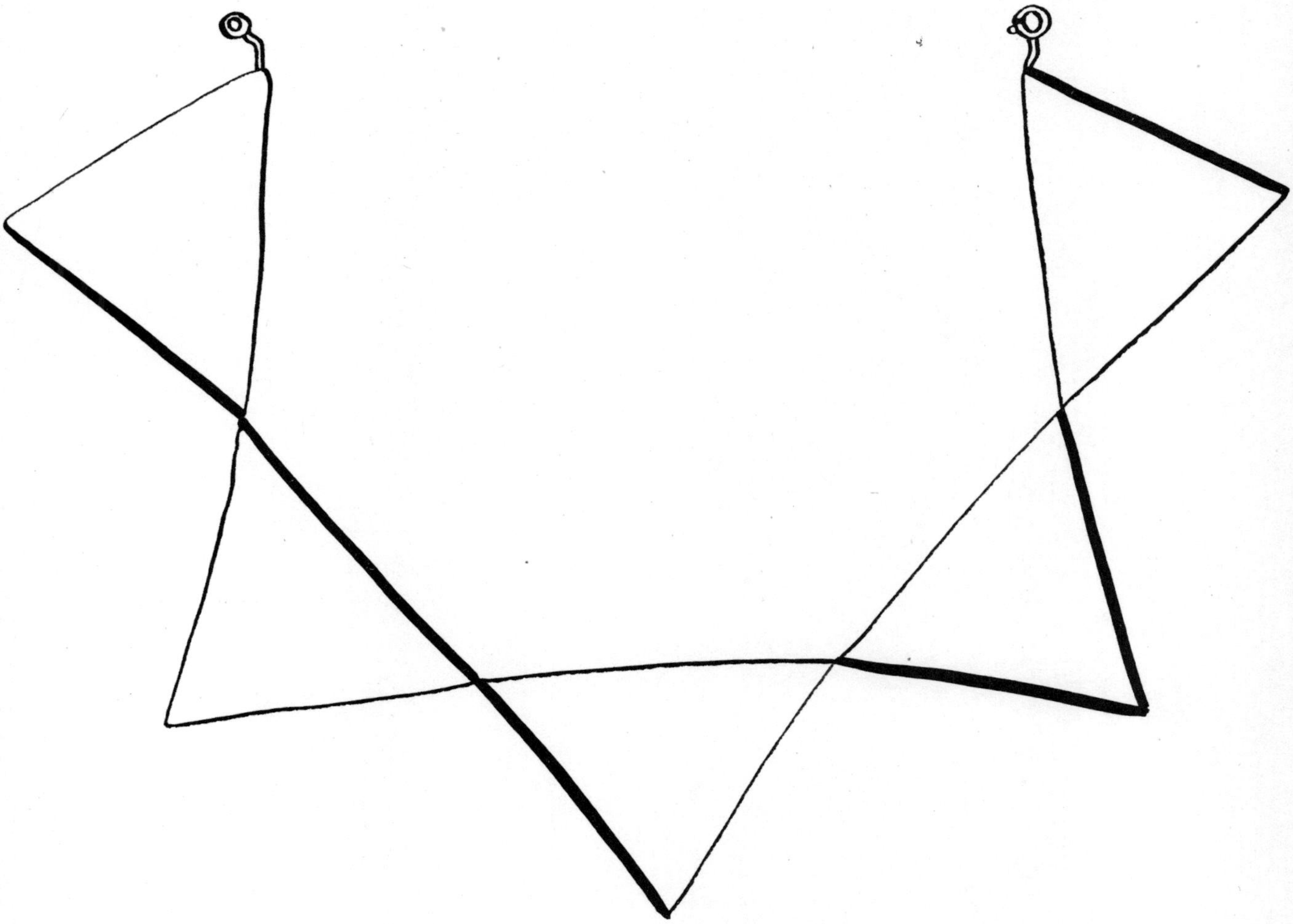

MALE DIESE KETTE
MIT GEOMETRISCHEN FORMEN
und KNALLBUNTEN FARBEN AUS

SCHREIB DEIN MOTTO
AUF DIESES T-SHIRT

ZEICHNE DIE TASCHE,

DIE AM ENDE
DER KETTE BAUMELT

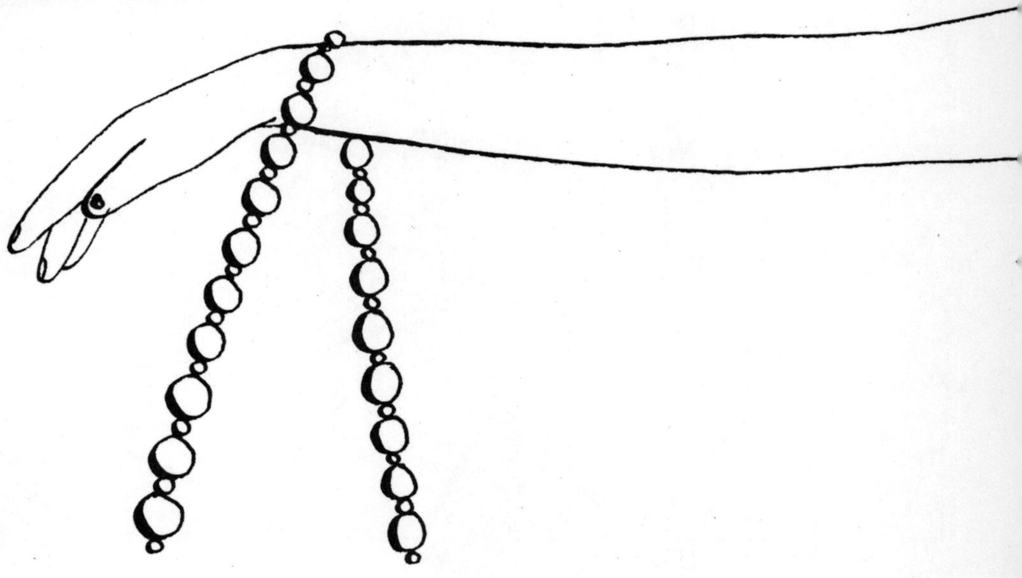

MACH SIE
FRECH
UND
BETÖREND

ZEICHNE DICH SELBST AUF DIESE SEITE
UND STYLE DICH MIT DEN DINGEN
VON DER GEGENÜBERLIEGENDEN SEITE

WILDLEDER, GLASPERLEN, NADEL und FADEN, TALENT und FLEISS HABEN DIESES UNGLAUBLICHE KLEID HERVORGEBRACHT

1870

HANDARBEIT VOM STAMM DER LAKOTA IN NORDAMERIKA

MALE RIESIGE FEDERN
AN DIESE MASKE und
SCHAFFE ETWAS
BEZAUBERNDES

MODE-ARCHIV

DIE CHULLO-MÜTZE STAMMT AUS DEN ANDEN, UND ES GIBT SIE BEREITS SEIT PRÄKOLUMBISCHER ZEIT

VERZIERE diese LÄTZCHEN-KETTE MIT WERTVOLLEN EDELSTEINEN, PAILLETTEN und und PERLEN

ES HAT MIR SPASS GEMACHT,
EIN MUSTER FÜR DIESE STRUMPFHOSE ZU ERFINDEN

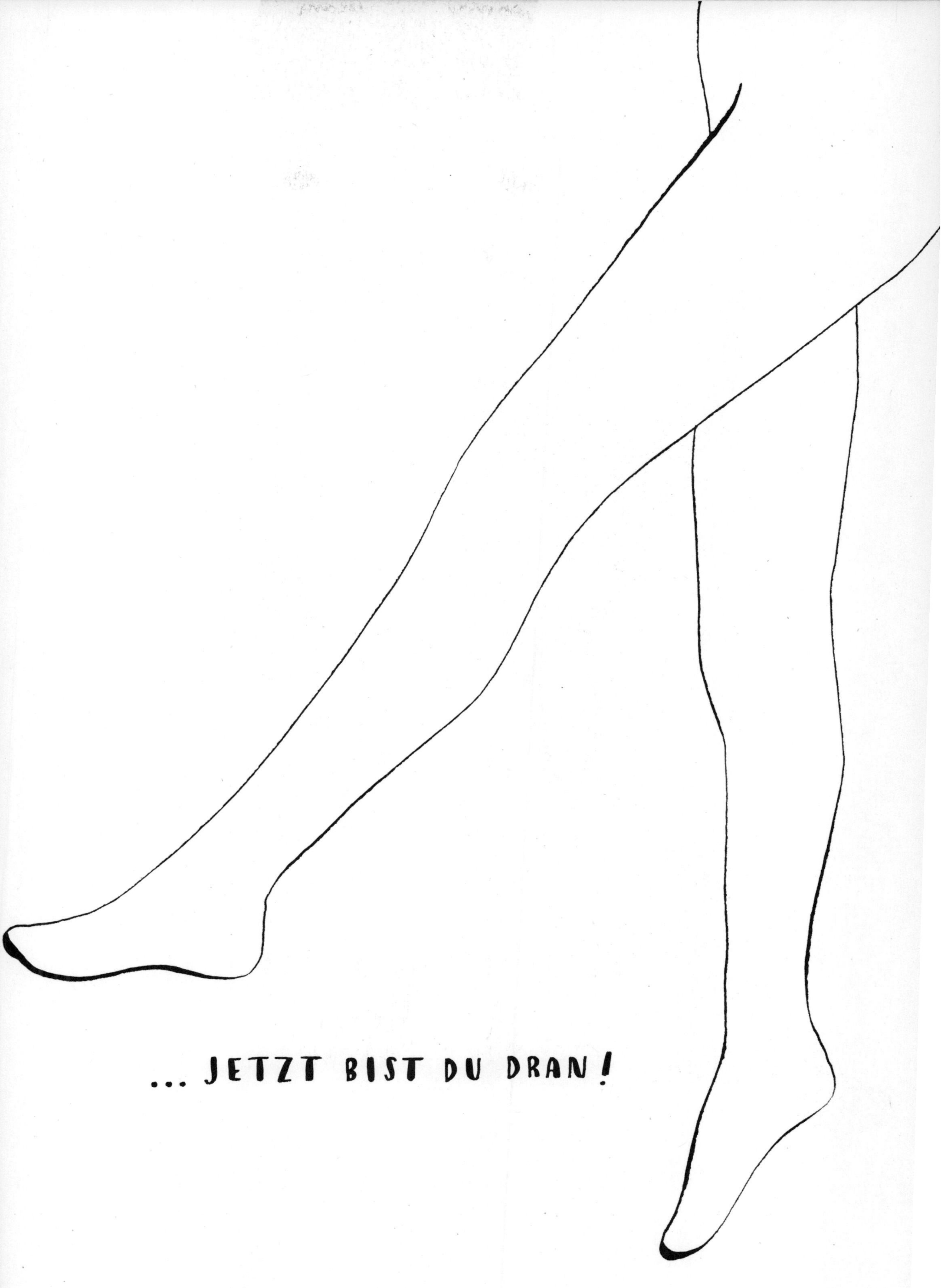

... JETZT BIST DU DRAN!

REISSERISCHE KETTE!

WAS WÜRDEST DU AUF EINER

MODE-HALLOWEEN-PARTY TRAGEN?

ENTWIRF EIN FANTASTISCHES KLEID DEINER WAHL

ZEICHNE DICH SELBST UND
STYLE DICH MIT DEN DINGEN
VON DER GEGENÜBERLIEGENDEN SEITE

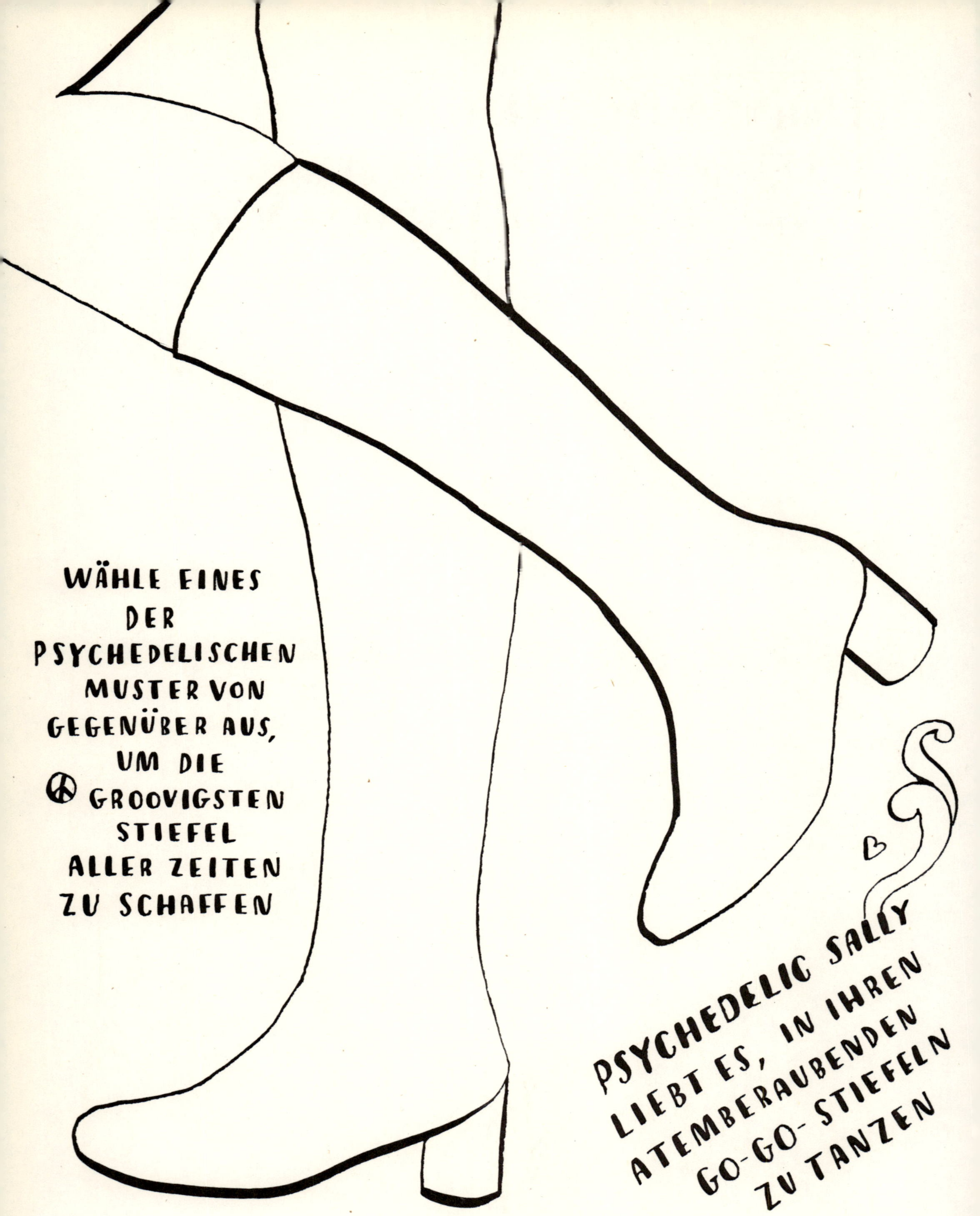
WÄHLE EINES
DER
PSYCHEDELISCHEN
MUSTER VON
GEGENÜBER AUS,
UM DIE
GROOVIGSTEN
STIEFEL
ALLER ZEITEN
ZU SCHAFFEN
PSYCHEDELIC SALLY
LIEBT ES, IN IHREN
ATEMBERAUBENDEN
GO-GO-STIEFELN
ZU TANZEN

SEI ERFINDERISCH!

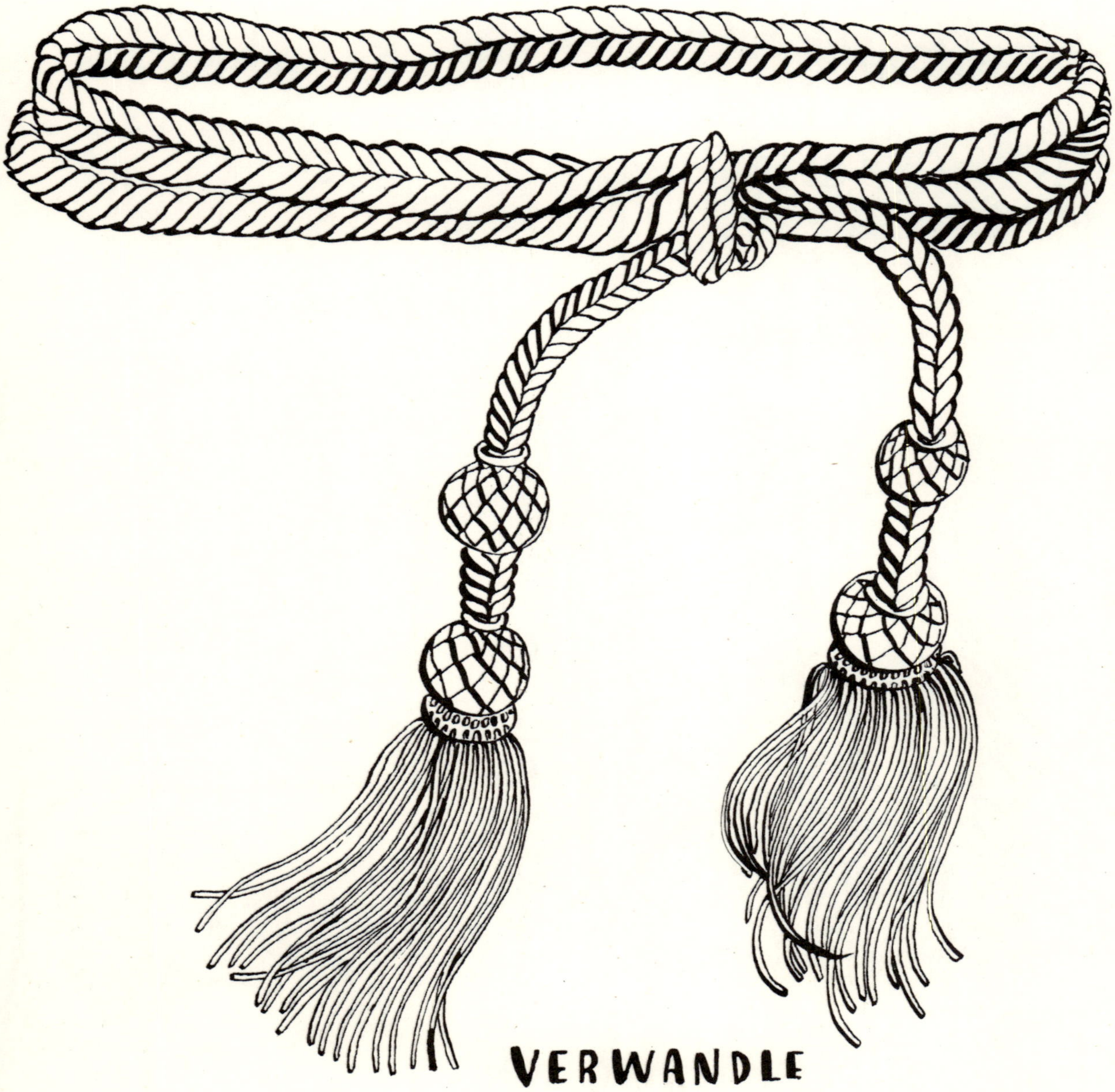

VERWANDLE
EINFACHE
VORHANGQUASTEN
IN EINEN PRÄCHTIGEN GÜRTEL

ZEICHNE
EIN PAAR LANGE,
BAUMELNDE QUASTEN
AN DIESEN HUT

COUSIN ITT

WIE SIEHT COUSIN ITT UNTER
ALL DIESEN HAAREN AUS?

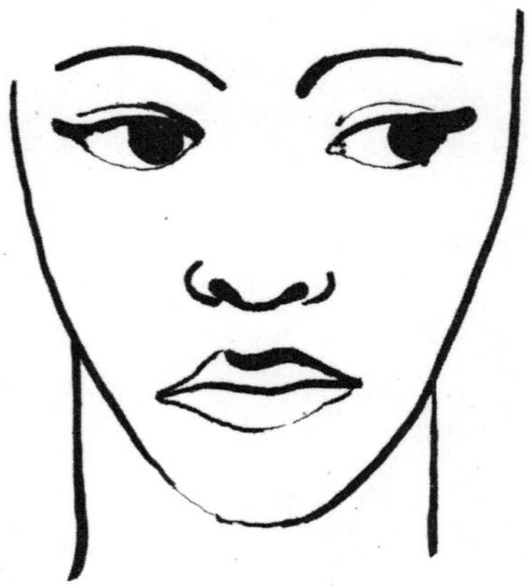

VIEL SPASS BEIM ZEICHNEN DER FRISUREN
FÜR DIESE LADYS

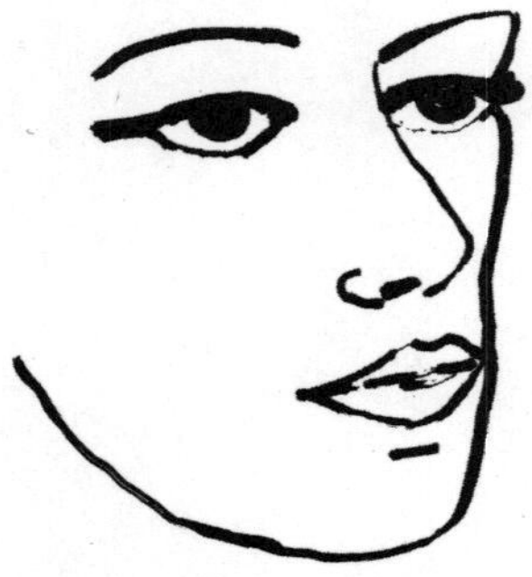

VIEL SPASS BEIM ZEICHEN DER FRISUREN

FÜR DIESE LADYS

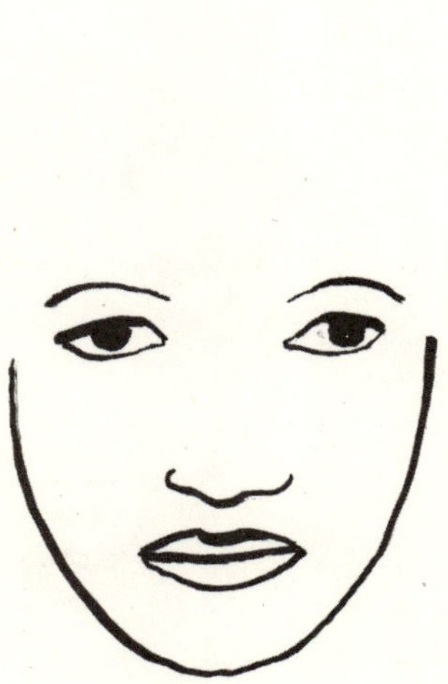

ZEICHNE EINE TASCHE,
DIE ZU DIESEM HENKEL PASST

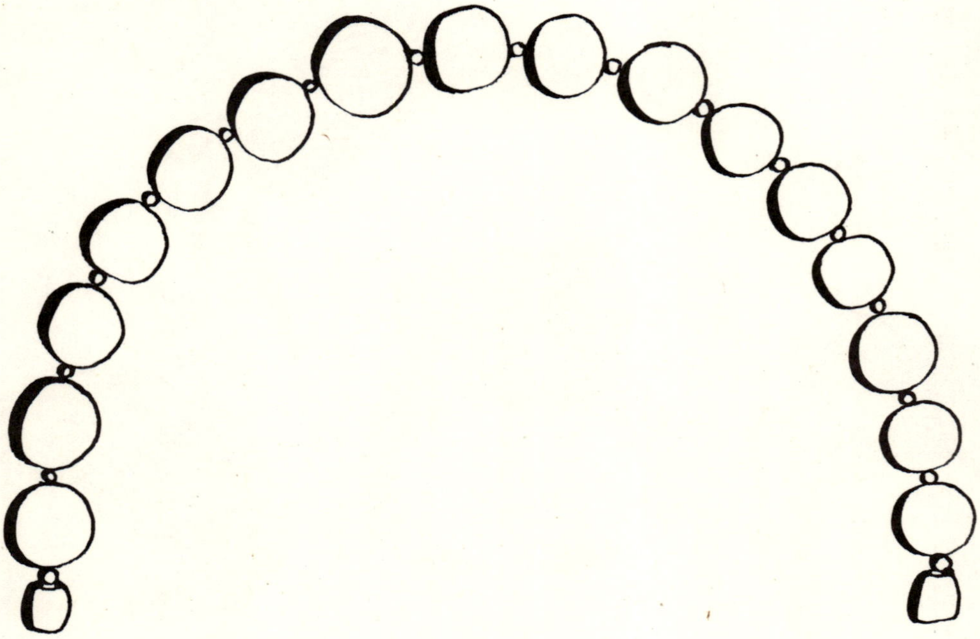

SEI eine

PEARLY QUEEN

UND ZEICHNE VIELE ÜBEREINANDERLIEGENDE

PERLENSCHNÜRE

ZEICHNE DICH SELBST UND
STYLE DICH MIT DEN KLEIDUNGSSTÜCKEN
VON DER GEGENÜBERLIEGENDEN SEITE

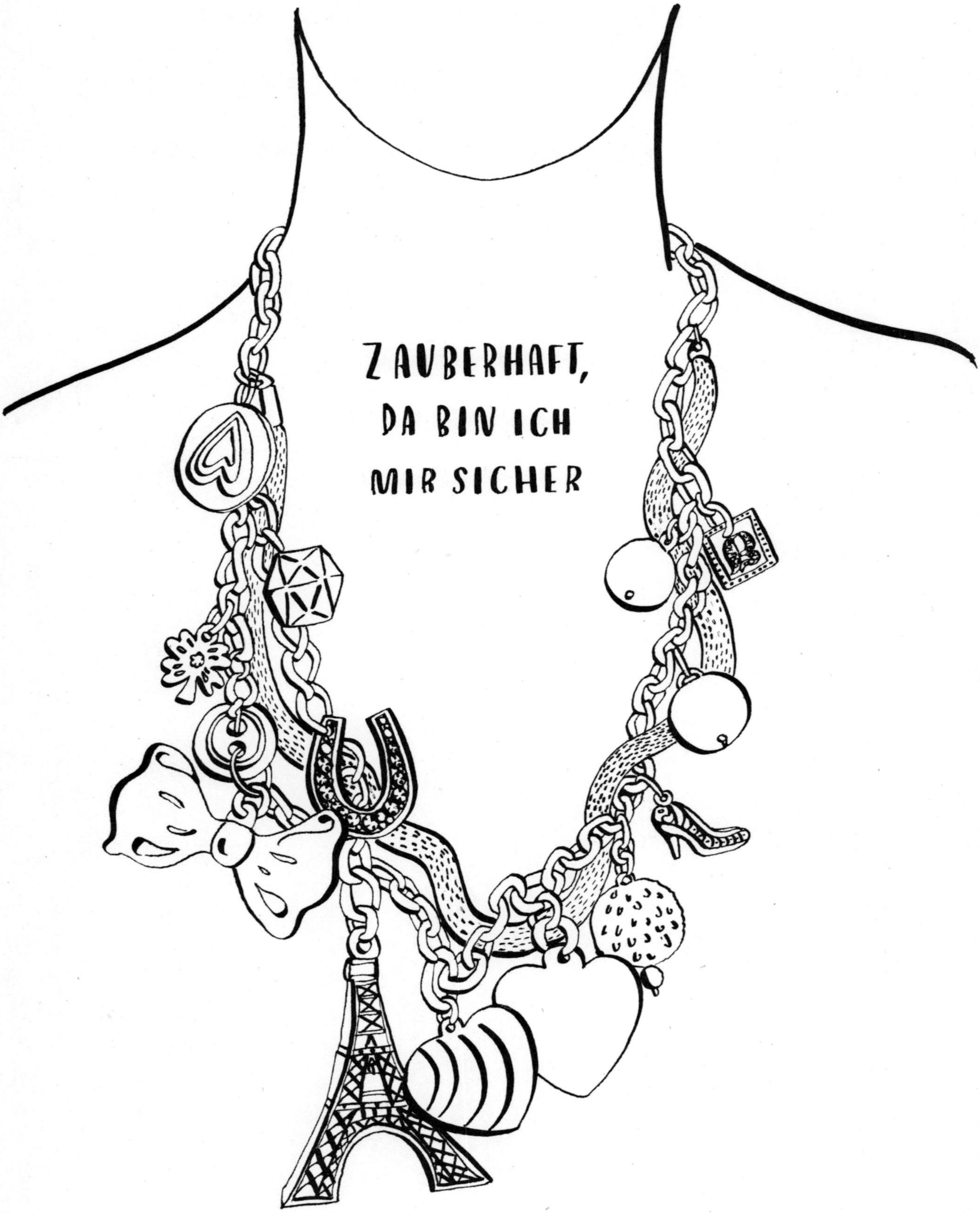

STELLE DEINE EIGENE EINZIGARTIGE
KETTE ZUSAMMEN,
INDEM DU KETTCHEN, ANHÄNGER
und KRIMSKRAMS AUFFÄDELST

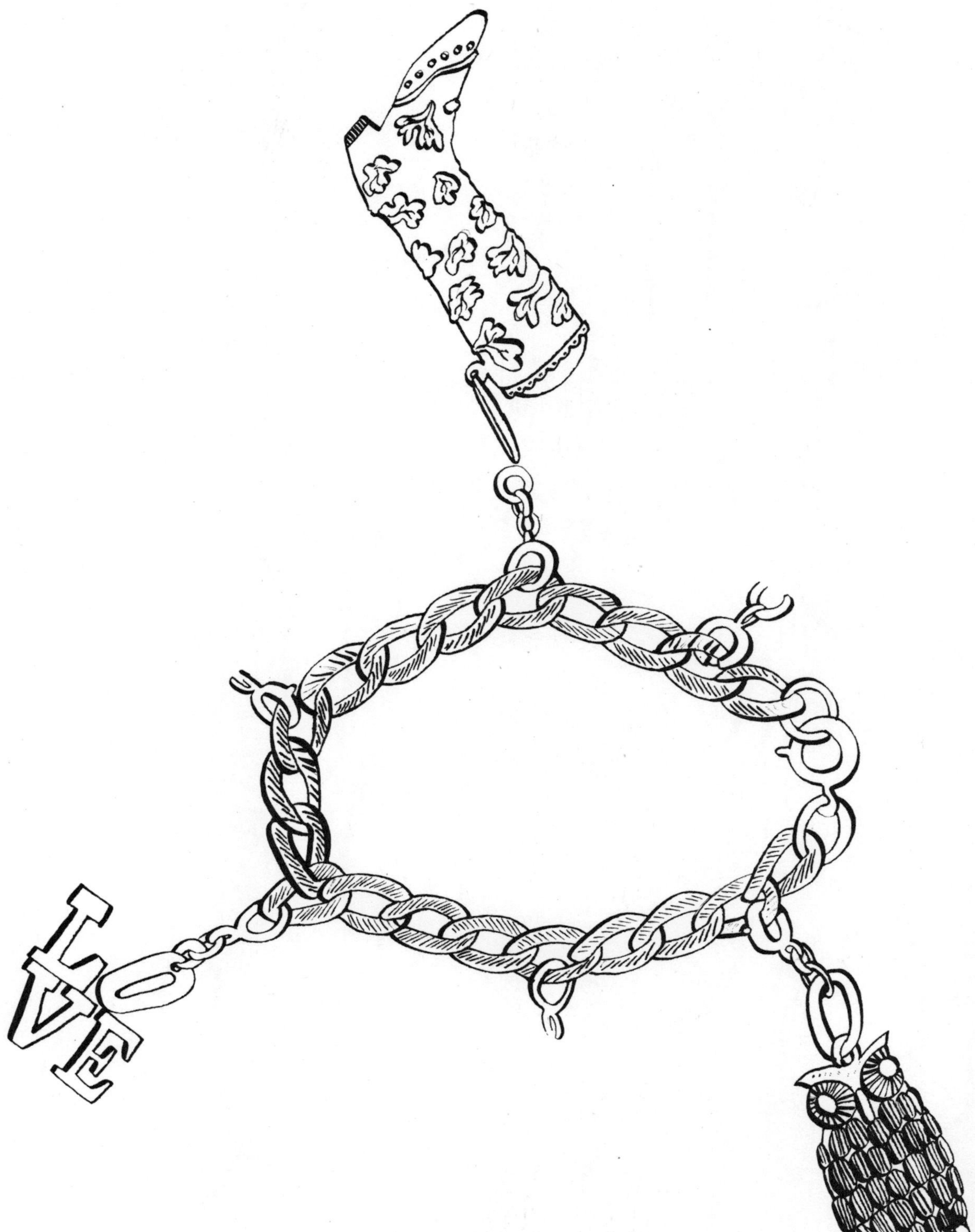

ZEICHNE NOCH EIN PAAR ANHÄNGER,
UM DAS ARMBAND ZU VERVOLLSTÄNDIGEN

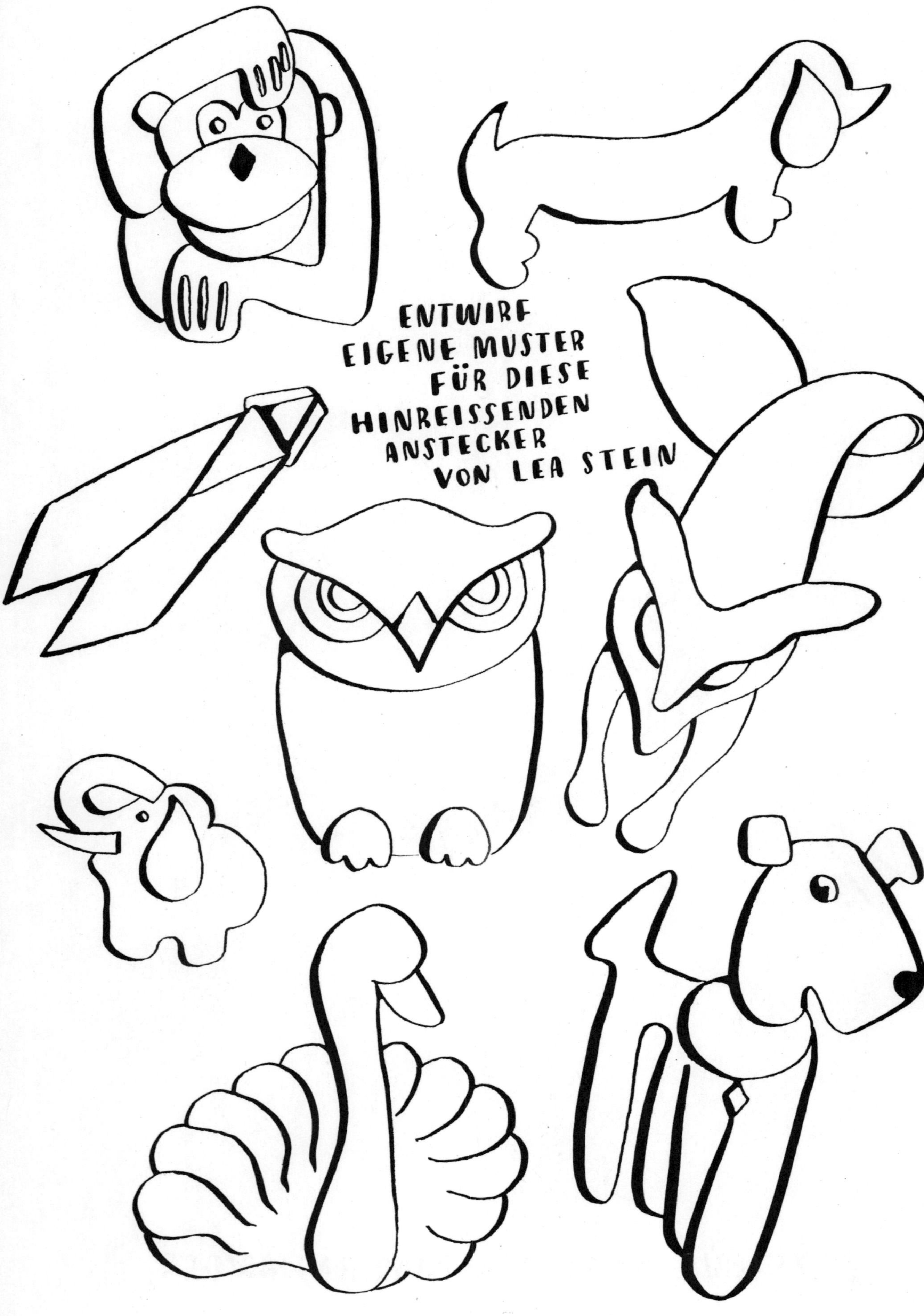
ENTWIRF
EIGENE MUSTER
FÜR DIESE
HINREISSENDEN
ANSTECKER
VON LEA STEIN

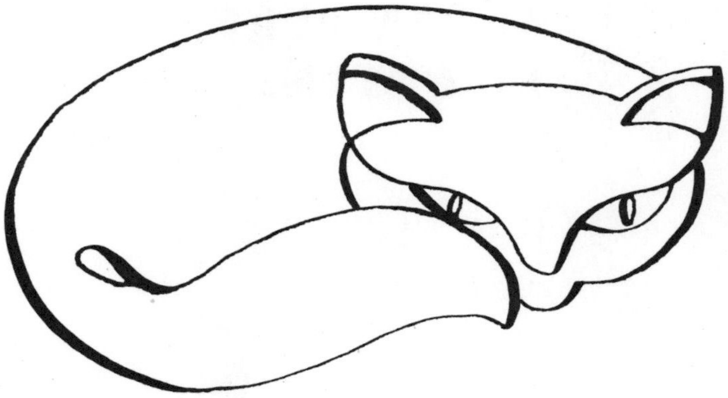
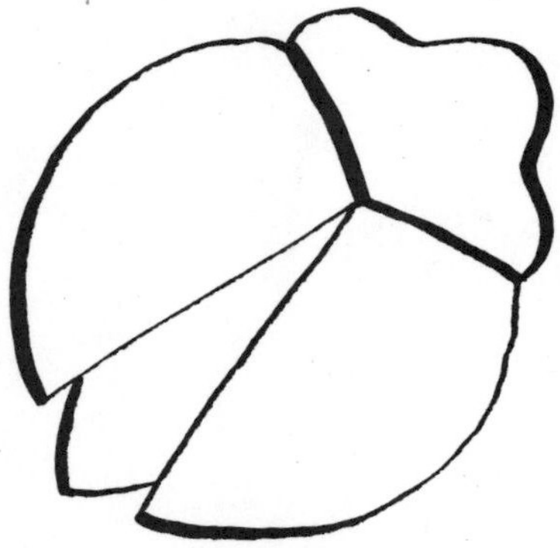

ZEICHNE
DEN ZWEITEN OHRRING
ODER NUTZE DEN PLATZ
FÜR DEINE EIGENEN
ENTWÜRFE

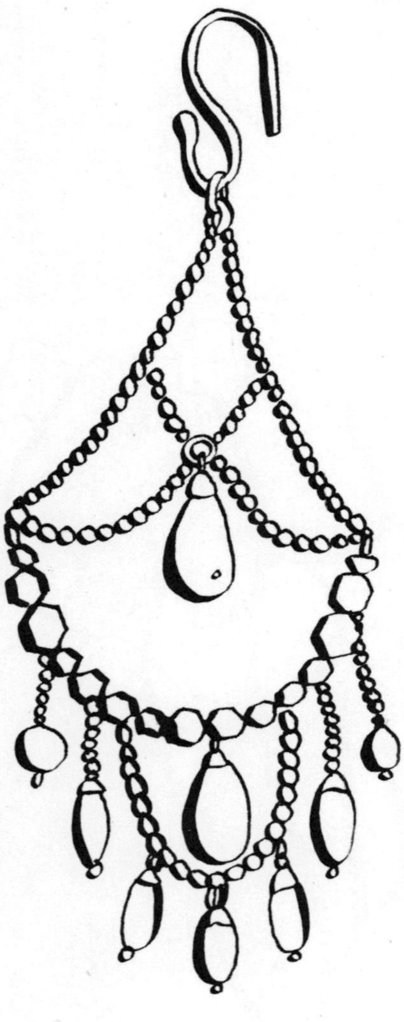

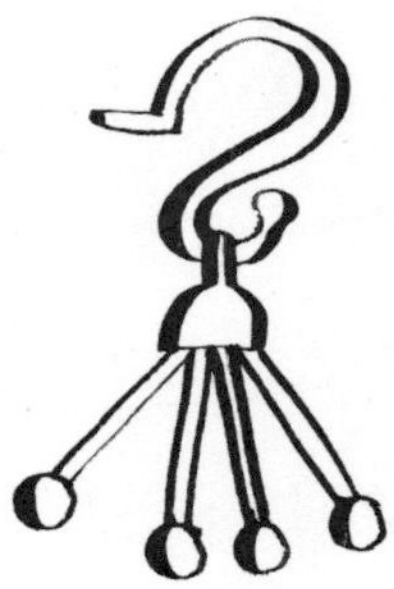

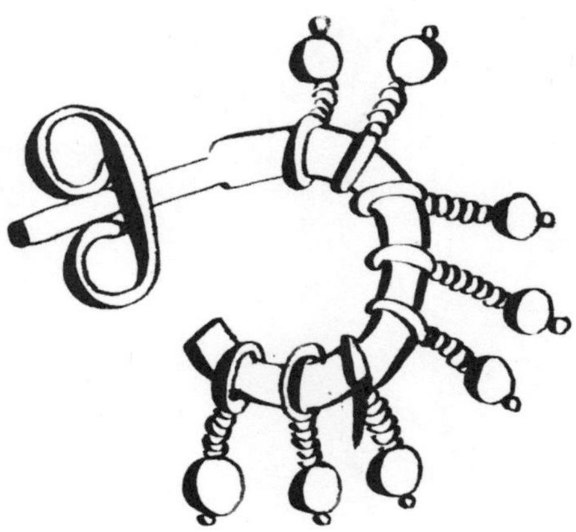

PLATEAUSCHUHE

MODE-RÜCKBLICK

die 1990er

UM DIE HÜFTEN GESCHLUNGENE HEMDEN

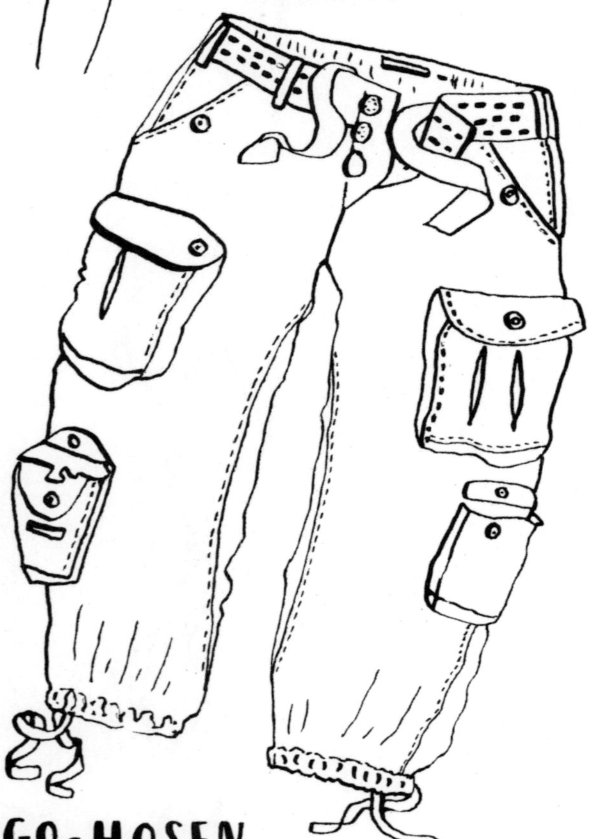

CARGO-HOSEN

BODYS

SCRUNCHIES
GOLDENE CREOLEN
BAUCHTASCHEN
STONEWASHED JEANS
SMILEY-AUFNÄHER
TURNSCHUHE
SCHNULLERKETTEN

„BARFUSS"
SCHUHE VON
COMME DES GARÇONS

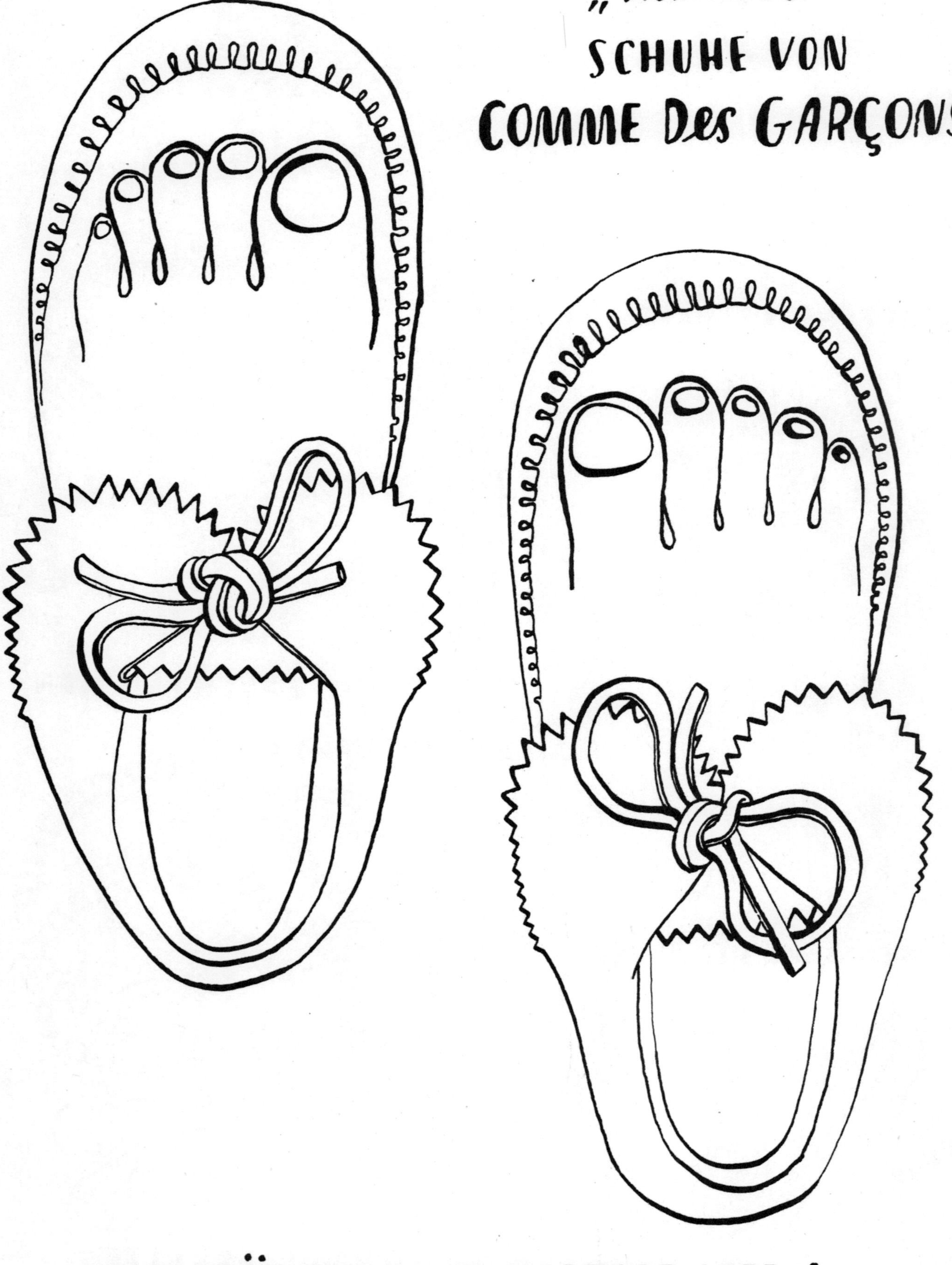

WAS FÜR EINE GROSSARTIGE IDEE!

ZEICHNE

DEINE EIGENE VERSION

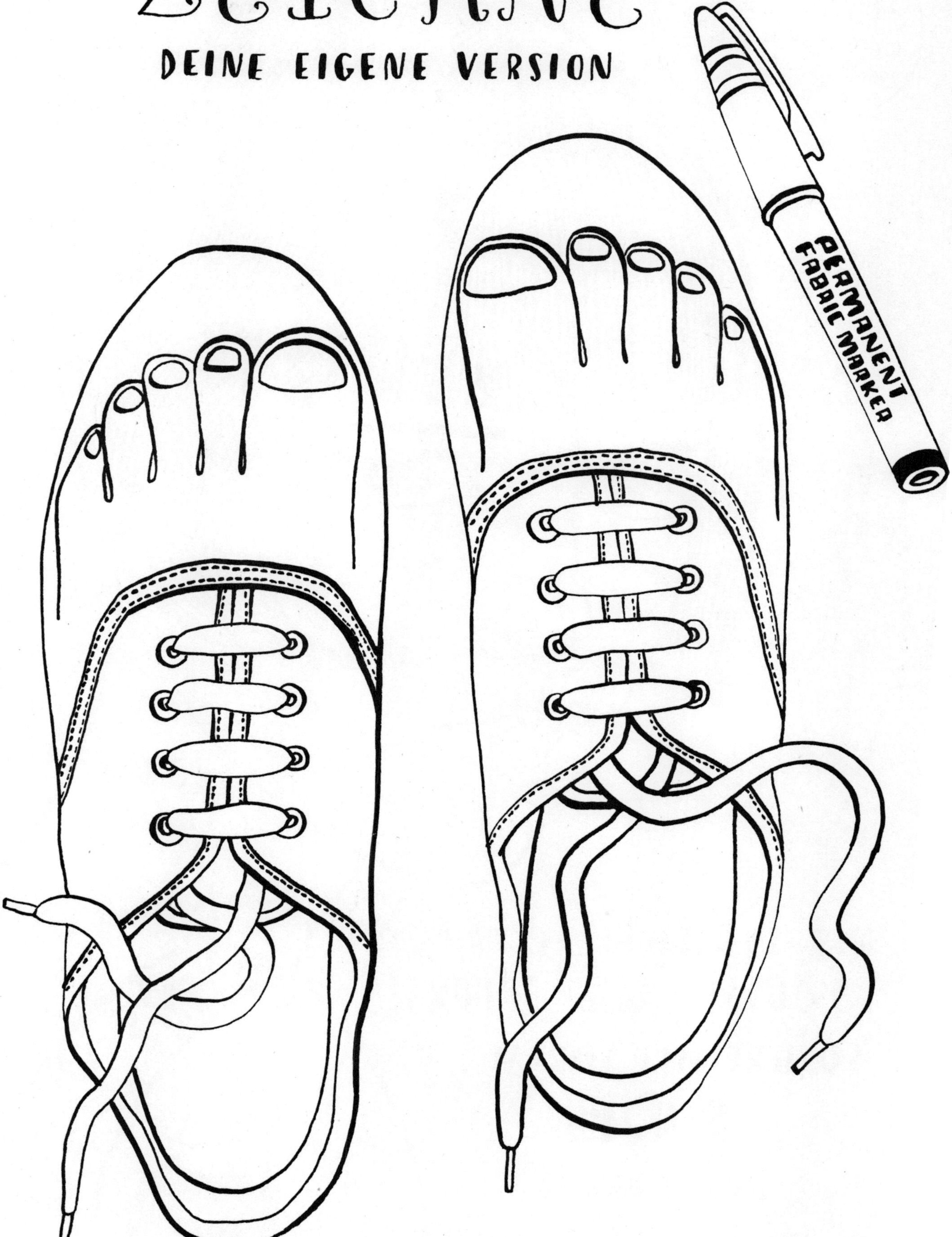

HAAR-STAR
DER STUMMFILMSTAR
LOUISE „lulu" BROOKS
SORGTE MIT IHREM
BOB
FÜR FURORE

SCHMÜCKE DIESE MASKE MIT PAILLETTEN, PERLEN und GANZ, GANZ VIELEN JUWELEN

WER MAG WOHL DIESE HÜBSCHE SONNENBRILLE TRAGEN?

ZEICHNE ZU DIESEN LIPPEN

EIN PASSENDES GESICHT

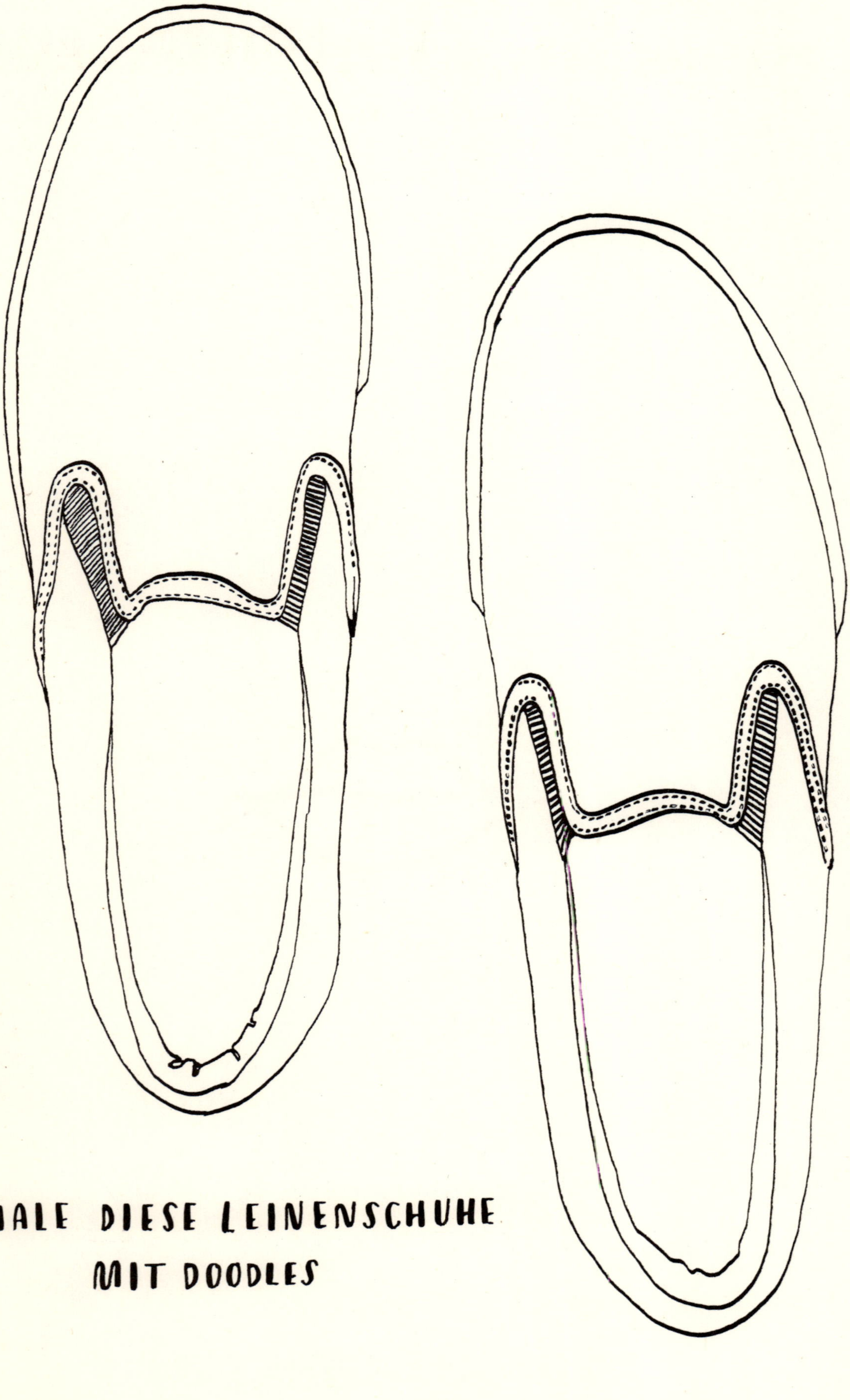

BEMALE DIESE LEINENSCHUHE
MIT DOODLES

COOLE SCHUHE

ZEICHNE DEIN NEUESTES PAAR SCHUHE

BEMALE DIESE STOFFTASCHEN MIT NIEDLICHEN MUSTERN

MALE
JEDES HERZ
mit EINER ANDEREN
FARBE AUS UND
KREIERE ein EINZIGARTIGES
STOFFMUSTER

SCHNEIDE AUS STOFFRESTEN
HERZEN AUS
SCHNIPP, SCHNAPP, SCHNIPP
und NÄHE ODER KLEBE SIE
AUF EINE ALTE STOFFTASCHE

... VOILÀ, EINE NEUE TASCHE!

WIE WÄRE ES, EIN HERZ AUF EINE HOSENTASCHE ZU NÄHEN?

... ODER AN EINEM HUT FESTZUSTECKEN ?

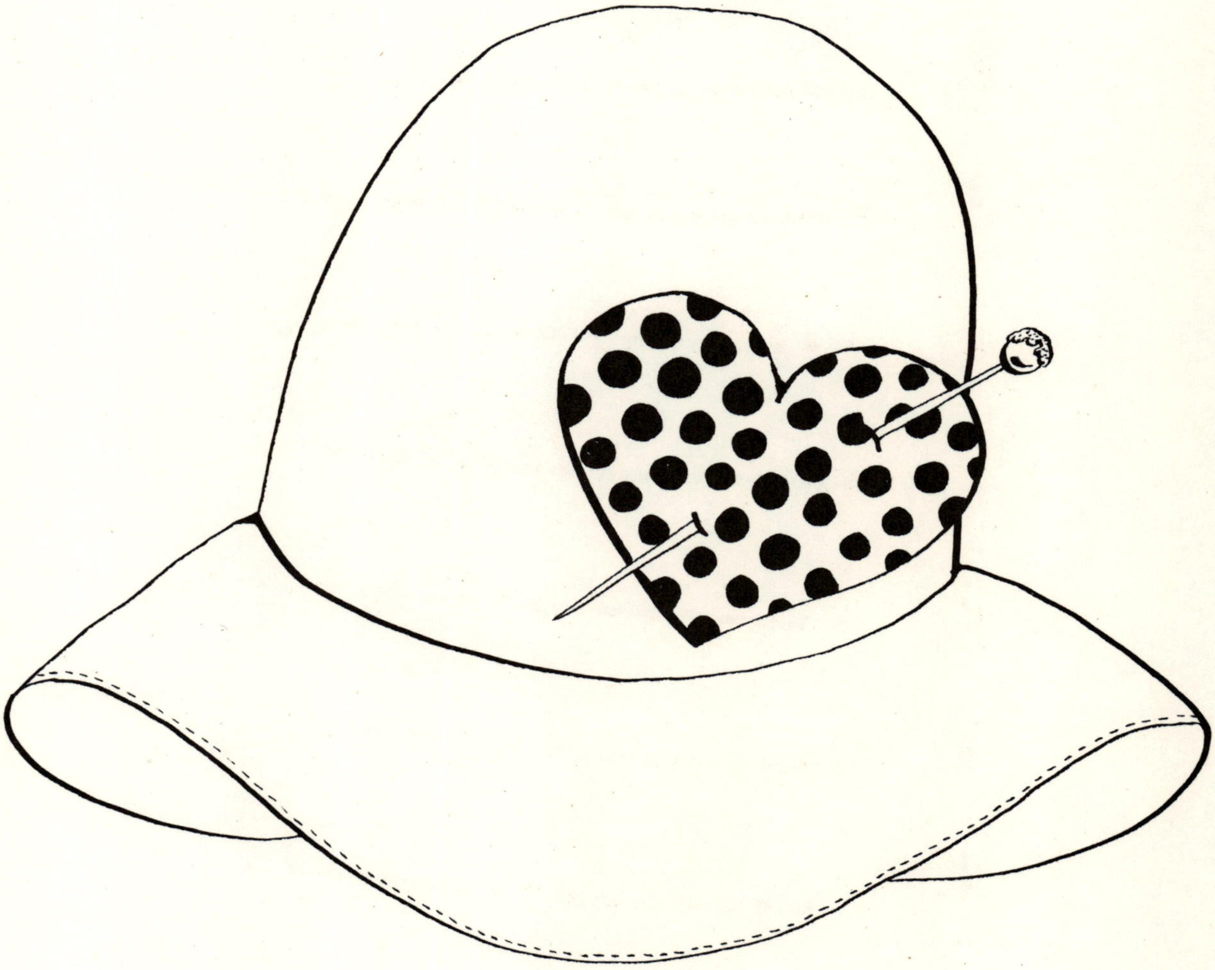

WEN WÜRDEST DU ZU DEINER MODENSCHAU EINLADEN?

GÄSTELISTE

1. ------------------
2. ------------------
3. ------------------
4. ------------------
5. ------------------
6. ------------------
7. ------------------
8. ------------------
9. ------------------
10. ------------------

GANZ BESONDERER VIP-GAST

ENTWIRF EINE EINLADUNGSKARTE FÜR DEINE MODENSCHAU

OH, NOCH EINE LETZTE SACHE ...

Deine Kleider
müssen
dir gefallen
UND
NIEMANDEM
SONST
!

QUELLEN

(IN DER REIHENFOLGE DES ERSCHEINENS)

ANDRÉ PERUGIA
LEA STEIN
JUDITH LEIBER – www.judithleiber.com
HERMÈS – www.hermes.com
JEAN DESSÈS
THEA CADABRA – www.theacadabra.com
JUDY BLAME
MARIANO FORTUNY – www.fortuny.com
COMME DES GARÇONS
SCHUHE AUS DER 2009-10 A/W KOLLEKTION –
www.comme-des-garcons.com
COUSIN ITT © CHARLES ADDAMS
WITH PERMISSION TEE and CHARLES
ADDAMS FOUNDATION –
www.charlesaddams.com

VIELEN DANK!

LAURENCE KING, JO LIGHTFOOT, ANGUS HYLAND,
IDA RIVEROS, SARAH BATTEN, FELICITY AWDRY
GIOVANNA CELLINI, CLARE PRICE, LAURA CARLIN,
LIZZIE FINN, SARAH HOLLYWOOD, IZZIE KLINGELS,
ABIGAIL SMILEY-SMITH, FERGUS PURCELL,
SARAJANE CROSSLEY,
GEMMA RYAN, CHRISTIAN PETERSEN,
ALLY WALLER, CLARE SHILLAND,
und
BEN BRANAGAN